1 MONTH OF
FREE
READING

at
www.ForgottenBooks.com

By purchasing this book you are eligible for one month membership to ForgottenBooks.com, giving you unlimited access to our entire collection of over 700,000 titles via our web site and mobile apps.

To claim your free month visit:
www.forgottenbooks.com/free630894

ISBN 978-0-656-36384-1
PIBN 10630894

Vorrede.

Wir besitzen einen Reichthum von mora= lischen Compendien nach allen Systemen, auch fehlt es an weitläuftigen Werken nicht, die eine Moral in Beyspielen aufstellen. Ein Schriftsteller hingegen, der mit Wärme und Leben, möglichst gedrängt, aber doch vollständig, die Vorschriften der Sittenlehre gebildeten Lesern an das Herz legte, ist seit Gellerts Zeiten unter uns nicht wieder auf= gestanden. Der Verfasser des gegenwärti= gen Versuchs fühlte einen Beruf in sich, diese Lücke auszufüllen, und das Bewußt=

seyn des edelsten Zwecks und der innigsten Liebe zur Sache giebt ihm das Vertrauen ein, seine Arbeit werde von manchem Freunde praktischer Lebensweisheit mit Beyfall aufgenommen werden, und besonders Lehrern und Erziehern von mannigfaltigem Nutzen seyn.

Aber es wird auch an solchen nicht fehlen, die dies Buch als den frechsten Verrath an den heiligsten und göttlichsten Wahrheiten verschreien, und gar nicht begreifen werden, wie man bey solchen Grundsätzen, als dasselbe enthält, noch von Sittlichkeit sprechen könne. Dies werden eben dieselben seyn, die jetzt so bittere Klage über den tiefen Religionsverfall führen, und die von dem Zunehmen dieses Verfalls das Aergste für die Sittlichkeit der Menschen fürchten, ungeachtet eine nur mittelmäßige Bekanntschaft mit der Geschichte und Völkerkunde sie überzeugen müßte, daß nie mehr Sittlichkeit auf der

Erde geherrscht habe, als jetzt, und daß die Unsittlichkeit heutzutage in denjenigen Ländern am größten sey, in denen die Religion noch ihre stärkste Gewalt ausübt.

Große Gemüther haben sich zu allen Zeiten im engsten Zusammenhange mit dem Urquell und der Summe alles Seyns gedacht und gefühlt, und die Religion, die auf diesem erhabenen Gefühl beruht, ist unstreitig ewig, wie die Gottheit selbst. Solche Gemüther müssen eine Moral, wie die hier aufgestellte, verachten. Aber zu allen Zeiten hat man auch einen Unterschied gemacht zwischen Kindern des Lichts und Kindern dieser Welt, von jeher hat man die Zahl der erstern nur sehr klein angenommen, und der größte Lehrer der Religion warnte schon seine Jünger, das Heiligthum nicht den Hunden zu geben, und die Perlen nicht vor die Säue zu werfen. Wenn demnach von einer Religion für den großen Haufen die Rede ist, so hat man sich darunter durchaus nicht jenes erhabene Gefühl zu denken, sondern vielmehr einen Wust von dunkeln Begriffen, die sich Jahrhunderte lang vom Vater auf den Sohn vererbt haben, und die der Geist der Aufklärung von Jahr zu Jahr unsichrer macht, und endlich ganz verwischen wird.

Den Verfall dieser Religion zu beklagen würde sich der Verfasser dieses Buches nur dann erst berechtigt glauben, wenn er das alte Geschwätz, daß damit auch der Verfall der Moralität verbunden sey, für gegründet erkennen müßte. Allein er sieht Gottlob die Moralität auf eine viel festere Basis gegründet, als jenes morsche Gestein war, das sie so lange getragen hat, und ruhig wird er jene verwitterten Säulen völlig einstürzen sehen, ohne auch nur wegen eines Menschen sittlicher Beschädigung in Sorgen zu seyn.

Welches diese festere Basis sey? Dar:
über mag dies Buch die nähere Auskunft
geben. Wenn die Verächter alles Glaubens
aus demselben lernten, daß man ihnen alles
das, was auf bloßem Glauben beruht,
willig Preis geben könne, ohne dem Sit:
tengesetze das Geringste von seiner verpflich:
tenden Kraft zu entziehen; wenn im Ge:
gentheil die Verfechter des Idealismus sich
daraus überzeugten, daß auch die nach ih:
rer Meinung so krasse materialistische An:
sicht des Menschenlebens, mit der gehöri:
gen Consequenz verfolgt, wenigstens eben
so beruhigende Resultate gebe, und eben so
gute moralische Praktiker bilde, als ihre
poetische, göttliche; und wenn endlich ver:
ständige Erzieher finden sollten, daß ein
moralischer Unterricht nach diesem Buche den
bisherigen Religionsunterricht noch etwas
mehr als ersetzen könne: so wird der Ver:
fasser seinen Zeitgenossen einen größern
Dienst erwiesen zu haben glauben, als wenn

er noch so viele Vorschläge zur Verbesserung
der Liturgie gethan, oder eine ganze Biblio-
thek von Predigten herausgegeben hätte. ,
Geschrieben im November 1803.

Inhalt.

Vorbereitende Betrachtungen.

Erstes Hauptstück.

Die Klugheitslehre.

Zweytes Hauptstück.
Die Sittenlehre.

Vorbereitende Betrachtungen.

I.

Wie sind sittliche Begriffe zuerst entstanden?

Wenn es erlaubt ist, von dem höchsten Wesen nach menschlicher Weise zu reden, so möchte man sagen, es habe sich bey der Erschaffung der Welt mit dem Menschengeschlechte ein ganz besonderes Vergnügen ausgedacht. Die Keime zu Pflanzen und Thieren, die seine Hand ausstreute, erreichten gleich mit ihrer Entwickelung die Bestimmung aller bis in Ewigkeit nachfolgenden Individuen ihrer Gattung. Länger kämpften die Elemente unter sich um den friedlichen Besitz des wunder-

I

baren Balles, den sie selber gemeinschaftlich zn constituiren scheinen; aber endlich legten auch sie sich zur Ruhe, und die Erdkugel schwebte bis auf einzelne unbedeutende Veränderungen für ewige Zeiten vollendet durch den ätherischen Raum. Bäume, Pflanzen und Corallenstauden strebten schweigend aus ihr empor, Vögel umflatterten, vierfüßige Thiere umirrten, Würmer durchkrochen sie, und es ist kein Grund zum zweifeln vorhanden, daß nicht alle Pflanzen und Thiergattungen, wenige ausgenommen, schon in ihrer ersten Generation denselben Grad der Vollendung gehabt haben sollten, in dem wir sie noch jetzt sehen. Nur ein seltsames Thiergeschlecht schritt unter den übrigen umher, schnell wie Hirsche, schlau wie Füchse, stark wie Bären, aber herrschsüchtiger und grausamer als sie alle — das Menschengeschlecht. Noch war es Thier, brüllte wie ein Thier, ernährte sich, pflanzte sich fort, wie die Thiere. Aber es war nicht bestimmt, bis in alle Ewigkeit auf dieser Stufe

der rohen Thierheit stehen zu bleiben. Die
Gottheit hatte es einer unendlichen Entwickelung fähig gemacht, doch hatte sie sich für dieselbe nicht eigene Wunder vorbehalten, sondern
den Keim dazu in das wunderbare Geschlecht
selbst gelegt. Alles sollte der Mensch aus sich
selber schöpfen; wenigstens sollte er das schmei-
chelnde Bewußtseyn haben, als sey es so; denn
wer kann sagen, er thue etwas, oder wer kann
angeben, was das sey, das in ihm schafft und
denkt? So daß uns Gott erscheint wie ein gütiger Vater, der, sein Söhnchen angenehm zu
täuschen, unvermerkt das Roß führt, das dieses selbst zu lenken meint.

An welche einfache Hebel das Geschäft der
Entwickelung geknüpft war und ist, sieht man
leicht. Zu der größten Vollkommenheit aller
thierischen Organe kamen noch die wunderbaren Hände, das Sprachvermögen, die Fähigkeit, unter allen Himmelsstrichen und von den
verschiedenartigsten Nahrungsmitteln zu leben,
und das fortdauernde Bedürfniß des Ge-

schlechtsumganges, welches ein Haupttrieb zum
geselligen Leben wurde, und sich bey keiner andern Thiergattung findet.

Wie lange es indessen gedauert haben mag,
ehe die erste wilde Menschenhorde zur Bezeichnung ihrer Gedanken eine rohe Sprache er-
fand, und von da an bis zu dem Zeitpuncte,
wo sie dem unstäten Herumschwärmen zuerst
ein Ziel setzte, und den Begriff des Eigen-
thums ersann. — wer mag das berechnen!
Giebt es doch noch jetzt Völker, die noch nicht
bis dahin gekommen sind.? Denken wir uns
aber eine solche frühe Menschengesellschaft,
und einen kleinen König an ihrer Spitze —
denn die Geschichte lehrt, daß dies bey den
ältesten morgenländischen Hirtenvölkern der
Fall war — so läßt sich leicht errathen, worin
das Amt dieses Königes vorzüglich werde be-
standen haben. Sicher war es dem Geschäft
eines heutigen Hausvaters ähnlich, der eine
Anzahl ungezogener Knaben über Tische in
Ordnung zu halten hat. Sein Machtwort

innßte dem ewigen Gezänke der nimmerfatten
Begierde mit Gewalt ein Ende machen, und
damit er sich bey seinen Aussprüchen immer des
Beystandes der Mehrheit versichert halten
konnte, mußte er in diesen Aussprüchen beständig von dem Princip der Gerechtigkeit ausgehen.

Aber wie fand er dies Princip? Zuerst
mußte ihn die Combination auf den einfachen
Satz leiten: Wer Schaden gethan hat, dem
muß wieder geschadet werden. Mit diesem
Grundsatze war nicht nur der Beleidigte zufrieden, sondern alle andern, die zu der Gesellschaft gehörten. Jeder dachte sich nämlich an
des Beleidigten Stelle, und machte die Sache
zu seiner eigenen, schnell bedenkend, wozu es
führen müßte, wenn solche Beleidigungen jedem erlaubt wären: So wurde es selbst dem
rohesten Wilden fühlbar, daß er Verbindlich-
keiten gegen seines Gleichen habe, weil er doch
nicht umhin konnte, Anforderungen an sie
zu machen, und eine ruhige Betrachtung frem-

der Ungerechtigkeiten führte ihn sogleich auf die Einsicht, daß es zur Erhaltung der Harmonie des Ganzen durchaus nothwendig sey, daß jeder Einzelne sich in den Aeußerungen seiner Willkühr gewissen Schranken unterwerfe.

Aber freywillig unterwirft sich keiner, wenn die Begierden ihn fortreißen, und die Ergebnisse der ruhigen Betrachtung verweht der erste Sturm der Leidenschaft. Doch hatte früh die Unbekanntschaft mit den Kräften und Erscheinungen der Natur die religiöse Furcht erzeugt. Man starrte vor Fetischen, und suchte sie durch Anbetung und Opfer zu versöhnen. Die Volkshäupter, unaufhörlich geängstigt von dem lästigen, ja gefährlichen Geschäft, die Unbändigen im Zaum zu halten, wurden vermuthlich durch eben diese Angst auf den Gedanken geführt, die gefürchtete Autorität der Götter zu Hülfe zu nehmen, wie etwa eine ungeschickte Wärterin, um das Geschrey der Kleinen zu stillen, in der Angst ihres Herzens den schwarzen Mann zu Hülfe ruft. So wurden

die Götter, die bisher nur als böse Dämonen
gefürchtet worden waren, zuerst zu moralischen
Wesen gemacht, und gern glaubte der rohe
Wilde seinem Könige oder Schaman dies von
der Noth erzeugte Dogma; denn was konnte
ihm bey ruhiger Betrachtung billiger und tröstli-
cher erscheinen, als die Vorstellung, daß der
gewaltige Weltgeist nur denen zürne, die Andern Böses thun. Es versteht sich, daß
Volkssänger und Gesetzgeber diesen heilsamen
Glauben möglichst benutzten, und so in der
Religion eine treffliche Zwangsmacht errichte-
ten, die um so nöthiger wurde, je mehr die
Menschenmenge anwuchs und die kleinern Hor-
den allmälig in große Staaten zusammen-
flossen.

Wir finden daher in den frühsten Nachrich-
ten, welche uns von den Urbewohnern unsers
Erdballs übrig sind, folgende sittliche Begriffe
schon völlig festgestellt: Jeder Mensch hat
Pflichten gegen die Gesellschaft, in der er lebt;
es ist Recht, daß jeder bestraft werde, der diese

Pflichten verletzt; und: es ist ein strenger und gerechter Gott, der über die Handlungen der Menschen wacht, und die Bösen wirklich bestraft.

2.

Was ist Vernunft?

Nachdem nun auf die eben beschriebene Weise Furcht und Religion die Menschen so weit gebracht hatten, daß sie sich die Schranken und das Gebiß, welches ihrer eigentlichen Raubthiernatur angelegt war, ruhiger gefallen ließen: so mußten allmälig, besonders in Greisen, oder Männern von saufterm Temperamente, etwa folgende Betrachtungen entstehen: Es ist ja ganz natürlich, daß man sich seiner Begierden in dem Falle enthalten muß, wo sie Andern nachtheilig werden. Wenn uns auch die Götter und der König für solche Zügellosigkeit der Begierden nicht straften, so

sollten wir sie uns doch nicht erlauben; denn
was wollte aus unserer friedlichen Gesellschaft
werden, wenn sich jeder so etwas herausneh-
men wollte? Was ich mir aber erlaube, das
muß ja auch jedem Andern erlaubt seyn dürfen;
mithin darf ich billig nichts thun, was ich
nicht der ganzen Gesellschaft in meinem Falle
gestatten würde.

Dies Hinaufsteigen der Combination von
einzelnen Vorstellungen zu allgemeinen Ideen,
aus welchen nachher wieder ganze Geschlechter
von untergeordneten Ideen ausgehen, nennt
man das Geschäft der Vernunft; und so be-
zeichnete also der Ausdruck Vernunft im
Grunde die Denkkraft selbst, insofern sie sich
in einem Streben nach allgemeinen Ideen und
letzten Zwecken äußert. Die Ideen von der
Existenz einer Welturfache, von der Nothwendigkeit des Sittengesetzes, u. a. sind also Ergebnisse der Vernunft, und die Redensart: meine Vernunft lehrt mich dies oder das, heißt
nichts anders, als: nachdem ich mich be-

müßt habe, eine Menge verschiedenartiger Erscheinungen in einen gemeinschaftlichen Punct
zu vereinigen, bin ich auf eine allgemeine Idee
gekommen, der zu Folge ich jetzt nothwendig
so oder so urtheilen oder handeln muß.

Da nun aber die Vernunft das Abstract unzähliger einzelnen Vorstellungen ist, so darf
man natürlich nicht zu allen Zeiten und in allen
Subjecten einerley bleibende Resultate von ihr
verlangen. Das, was Luther für vernünftig
hielt, ist es jetzt zum Theil nicht mehr, weil
die Wahrheit der einzelnen Begriffe, von denen er ausging, von uns längst verworfen
worden ist. Wenn er es z. B. unvernünftig
fand, für die Richtigkeit der Lehre von der
Transsubstantiation noch einen deutlichern Beweis, als Christi eigene Worte: das ist mein
Leib, zu verlangen: so kann man nicht umhin,
über die Vernunft des großen Mannes, oder
vielmehr seines Zeitalters, zu lächeln.

Gutgesinnte Menschen können nicht begreifen, wie dieser oder jener anders Handelnde

seiner Vernunft, so wenig Gehör geben könne,
und bedenken nicht, daß die Ergebnisse seiner
Vernunft ganz andere seyn können, als die der
ihrigen. Wer z. B. in seinen Abstractionen
einzig von folgenden Vorstellungen ausgehen
wollte: „Ich bin zwar ein Glied einer großen
Gesellschaft, aber daß diese etwas für mich
thut, ist keine freywillige Wohlthat; sie selber
hat sich nicht durch eigene Weisheit, sondern
durch Zufall und Nothwendigkeit gebildet; ich
lebte vielleicht glücklicher, wenn diese Gesell:
schaft nicht so zahlreich und gekünstelt wäre;
ich finde auch nicht, daß die Mehrheit eine so
besondere Achtung für sie bezeigt: — wer, sage
ich, von solchen Vorstellungen ausgehen wollte,
den würde seine Vernunft auf ganz andere Ma:
ximen des Handelns führen, und es ist nur zu
gewiß, daß jede unmoralische Handlung, wel:
che begangen wird, von einer Vernunft dun:
kel gebilligt worden sey, die — seys aus Ueber:
eilung oder aus Beschränktheit der Einsicht —
von Reflexionen, wie die eben erwähnten,

ausging. Ja, um es gerade heraus zu sagen:
der Zweck, den sich der Eigennützige setzt, ist
so gut durch die Vernunft gefunden worden,
als der moralische, so daß die Vernunft die
Führerin des Egoisten so gut als des Tugendhaften seyn kann.

Da indessen die ruhig arbeitende Combination unmöglich bey so niedrigen Reflexionen stehen bleiben kann, indem vielmehr eine andere
sich ihr unwiderstehlich aufdringt, die nämlich,
daß Trotz allen Widerstrebungen der Bösen
doch allein die überwiegende Menge der Guten
es sey, die der Gesellschaft ihre Haltung und
Sicherheit, und dem Leben seinen Werth und
seine Freuden gewähre: so ist noch nie eine
ruhig und richtig combinirende Vernunft auf
eine allgemeine Idee gestoßen, welche dieser an
siegender Wahrheit gleich gekommen wäre:
„die höchste Vollkommenheit des menschlichen Geschlechts könnte nur dadurch erreicht werden, daß
jeder Einzelne sein Wohl dem Wohl des Ganzen
unterordnete". Eine Idee, aus welcher sich noth-

wendig für das Handeln folgende Maxime er=
geben muß:„handle in allen Fällen so, wie
du aus Liebe zur Menschheit wünschen mußt,
daß jeder handeln möchte.“ — Da nun das
Denkvermögen der weisesten Männer aller Zei=
ten mehr oder weniger bestimmt diese Hand=
lungsmaxime als die einzig richtige aufgefun=
den hat, und immer finden wird, so lange
Menschen in Gesellschaft leben werden: so
nennt man es ausschließlich in dieser Beziehung,
da es nothwendig auf diese gute Maxime
führt, Vernunft, *) und muthet es jedem
Menschen an, wo nicht als etwas Angebornes,
doch als eine Fertigkeit, deren Erwerbung in
jedes gesunden Menschen Vermögen stehe.
Merkwürdig ist, daß unzählige Menschen nach
jener Maxime vernünftig handeln, ohne sich
derselben deutlich bewußt zu seyn. Der Grund
liegt darin, daß die Vernunft ihre Operationen
theils so schnell, theils so unvollständig verrich=

*) Nach Kant: practische Vernunft.

tet, daß wir nur ein dunkeles Gefühl von ihr empfinden, das sich erst bey späterer genauerer Betrachtung in deutliche Ideen zersetzen läßt.

Aus dem Bisherigen ergiebt sich nun leicht, was es heiße: die Vernunft erwacht. Offenbar nichts anders, als: das Combinationsvermögen hat eine solche Stärke und Ausbildung erreicht, daß es jener allgemeinen Idee und jener erhabenen Ansicht des Menschenlebens fähig und empfänglich ist.

Es ergiebt sich ferner daraus, daß die Vorschrift, immer nach der Vernunft zu handeln, mit der oben angegebenen Maxime völlig eins ist; denn indem sie das Mittel empfiehlt, führt sie zum Zweck, ohne diesen zu nennen.

Es ergiebt sich drittens, daß, da die Vernunft in einer Fertigkeit besteht, eine gewisse Ideenreihe zu allen Zeiten schnell und sicher hervorzurufen, in unsern Schulen weit mehr für die Moralität gethan werden könne, als leider gethan wird; eine Wahrheit, von der so unausſprechlich, viel abhängt, und die doch ſo wenig Lehreru Sorge zu machen ſcheint.

———————

3.

Iſt der Menſch von Natur gut oder böſe?

Aus dem bisher Geſagten wird es hoffent-lich klar ſeyn, daß der eigentlichſte Naturzu-ſtand des Menſchen der thieriſche, und ſeine wahre Natur die des Raubthiers ſey. Verlan-gen nach ungeſtörter Befriedigung des Selbſt-erhaltungs-und Geſchlechtstriebes iſt ihm ſo na-türlich, wie dem Löwen oder dem Hunde, und jeder, der ihn daran hindern will, iſt ſein Feind. Feindſeligkeit gegen ſeines Gleichen iſt alſo recht eigentlich der Grundcharakter des Menſchen; nur die Furcht hemmt zuerſt die Ausbrüche die-ſer Feindſeligkeit, und was auch nachher Cul-tur, Religion und Vernunft thun mögen, die-ſen Charakter zu mildern oder zu verſtecken, ſo bleibt er doch unaustilgbar die Grundlage un-

serer Natur. Der entgegengesetzte Charakter
der Menschenliebe ist die Frucht eines langen
Zwanges, und eben so gut ein künstlicher Zu=
stand, als die Zahmheit eines gefangenen Lö=
wen, der ruhig die Hand des Führers in sei=
nem grimmigen Rachen duldet. Wir dürfen
nicht eben so ungeheure Gährungen der Mensch=
heit, wie etwa die französische Revolution war,
aufsuchen, um zu sehen, wie die ursprüngliche
Raubthiersnatur des Menschen bey dem ersten
Verschwinden der gesetzlichen Schranken wieder
hervorbricht: alle die Bosheiten und Betrüge=
reyen, die mitten unter uns cultivirten, fried=
lich lebenden Völkern täglich vorfallen, ja der
Neid, der sich auch dem besten Menschen un=
widerstehlich aufdringt, wenn dieser den Nach=
bar glücklicher sieht als sich, ist ein deutlicher
Beweis, daß die thierischen Triebe das Ueber=
gewicht in unserer Natur haben. Die Kin=
der sind die größten Egoisten; sie bekümmern
sich um die ganze Welt nicht, und möchten lie=
ber alles für sich allein haben.

Lebten die Menschen so einzeln auf dem Erdboden zerstreut, daß keiner je von dem Andern gehindert würde, so könnte von gut oder böse gar nicht die Rede seyn. Erlaubt wäre jedem dann alles, was seinen Neigungen gelüstete; und wie könnte man dies böse nennen, da es den Anlagen seiner Natur gemäß wäre? Erst die Umgebung von seines Gleichen legt dem Einzelnen einen Zwang auf, und es ist eine sehr willkührliche Bezeichnung, das gut zu nennen, was ein Mensch aus Furcht vor diesem Zwange gegen seine innersten Neigungen thut. Dies durch den Zwang der Gesellschaft dem Einzelnen abgenöthigte Gute für angeboren zu halten, konnte nur solchen Menschen einfallen, die, von Kindheit auf unter beständigem gesellschaftlichen Zwange erzogen, beständig von ihren Eltern mit Liebe behandelt, und sorgfältig vor dem Umgange mit Fremden verwahrt, nie Gelegenheit hatten, die Kraft des Selbsterhaltungstriebes in ihrer ganzen Stärke zu beobachten.

4.

Wie verhält sich die Sittenlehre zur Rechtslehre?

Nachdem es den ersten Menschengesellschaften durch die einseitigere Ausbildung der Individuen immer mehr Bedürfniß geworden war, zusammen zu halten, mußte man auf Mittel sinnen, die Willkühr immer mehr zu beschränken, und besonders das Leben und das Eigenthum der Staatsbürger immer mehr zu sichern. So entstanden denn die ersten rohen Gesetze, in denen nur das allernothwendigste geboten war, ohne welches die Gesellschaft nicht bestehen konnte: nicht stehlen, nicht tödten, nicht ehebrechen, die Eltern ehren, keinem seine Sklaven abspenstig machen, nicht falsch zeugen ꝛc. Je vollkommner sich in der Folge die Staaten ausbildeten, desto näher wurden diese Gesetze bestimmt; eine Menge verwickelter Fälle, welche von weisen Richtern entschieden

worden waren, wurden zur Richtschnur für
künftige ähnliche Fälle aufgezeichnet, und so
erhielten endlich unsere Gesetzbücher das Anse=
hen einer unendlichen Casuistik. Man abstra=
hirte endlich aus diesen Millionen Fällen all=
gemeine, für alle Gesellschaften brauchbare,
Grundsätze eines rechtlichen Verfahrens in den
wichtigsten Verhältnissen des bürgerlichen Le=
bens, und so entstand bekanntlich das Natur=
recht. Was ist dies also anders, als eine
Sammlung moralischer Gesetze, die das
Handeln in gewissen, oft wiederkehrenden bür=
gerlichen Verhältnissen ein für allemal unabän=
derlich bestimmen sollen?

Nun ist aber augenscheinlich, daß ein tau=
sendjähriger Sammelfleiß, verbunden mit der
fruchtbarsten Phantasie juristischer Casuisten
nicht im Stande seyn würde, alle mögliche
moralische Verhältnisse, in welche zwey oder
mehrere Personen kommen könnten, zu Papiere
zu bringen. Und wenn es möglich wäre, wer
würde dies Ungeheuer von Corpus Juris durch=

2 *

lesen wollen? Wie könnte man auch im Laufe
des Augenblicks jedes unrichtig behandelte mo=
ralische Verhältniß der öffentlichen Justiz zur
Berichtigung übertragen? Genug daß sie die
erheblichern Verletzungen der Sittlichkeit zu be=
strafen übernimmt.

Da die Rechtswissenschaft auf solche Weise
nur eine sehr unvollkommene Beschützerinn der
Socialverhältnisse seyn kann, so muß eine
Wissenschaft hinzutreten, die sie in ihren klein=
sten Theilen ergänzt, und mithin sie selbst in
sich aufnimmt; eine Wissenschaft, die nie eine
äußere executive Macht, wie jene, erlangen
kann, sondern sich einzig auf ihre innere Noth=
wendigkeit stützen muß, wenn es ihr anders
nicht gelingt, den Ehrgeiz, die Furcht oder
die Religion auf ihre Seite zu ziehen. Diese
Wissenschaft ist — die Moral.

3.

Was ist die Bestimmung des Menschen?

Bey dem Anblick einer neuerfundenen, uns nicht gleich erklärlichen Maschine würden wir uns mit der Frage nach ihrer Bestimmung am natürlichsten an ihren Erfinder zu wenden haben. : So könnte die einzig befriedigende Antwort auf die Frage, wozu der Mensch denn eigentlich bestimmt sey; allein von dem unergründlichen Meister gegeben werden, der zuerst unser Daseyn gewollt hat. Alles, was der Mensch selbst darüber räsonnirt, könnte leicht einem gutmüthig zuhörenden Jupiter.*) ein ähnliches Lächeln abgewinnen, als uns das Urtheil der Schwalbe in der Fabel über den Tempel, an welchen sie ihr Nest angeklebt hatte. Wie indessen das Bedürfniß darauf geführt hat, die Bestimmung der Naturproducte in

*) Hor. III. Carm. 29, v. 31.

den Gebrauch des Menschen zu setzen, des Ge-
traides und Schlachtviehs, daß es verzehrt,
des Holzes, daß es verbrannt, ja des Unge-
ziefers, daß es getödtet werde: so hat die un-
ruhige Wißbegier des Menschen auch nicht ab-
gelassen, nach dem Geheimniß seiner eigenen
Bestimmung zu forschen. Die Resultate ihrer
Untersuchungen sind verschiedentlich ausgefallen.
Am allgemeinsten angenommen ist das: der
Mensch sey bestimmt, in diesem Leben das
Ideal der ruhigen Vernunst so vollkommen als
möglich zu realisiren, und in einem andern,
von der Weisheit und Gerechtigkeit des Schöpfers zu erwartenden, dasjenige ganz zu erreichen und zu erkennen, was ihm hier nur anzu-
streben und auf der Oberfläche anzuschauen
vergönnt war.

Es ist nicht zu läugnen, daß dieser Glaube des nach Erkenntniß dürstenden Geistes und
des tugendhaften Gemüthes würdig ist, und
schöne Früchte für das Leben trägt. Allein dieselbe Vernunst, die uns zu dieser Ansicht führt,

sagt uns eben so deutlich, daß eine Menge Erscheinungen damit gar nicht übereinstimmen,
sondern vielmehr auf ganz andere Ergebnisse
führen. Millionen Menschen sind gestorben,
ganze Völker sind untergegangen, ohne von
jenem Vernunftideale auch nur eine Ahnung
empfunden zu haben, Millionen leben noch,
ohne sich desselben bewußt zu seyn. Kann aber
etwas zur allgemeinen Bestimmung des Menschen gemacht werden, das nur der kleinste
Theil erreicht, ja zu erreichen fähig ist? Und
was kann uns denn berechtigen, eine andere
Welt anzunehmen, die so weit über alle mögliche Erfahrung hinaus liegt? Sollte denn die
Sehnsucht nach einem Elysium und der unstill-
bare Forschungstrieb durch nichts anders zu
erklären seyn? Könnte jene nicht ein natürlicher Nothbehelf der Schwachen seyn, die im
betrübenden Gefühl, von dieses Lebens Freuden wenig genossen zu haben, als Supplement
ihres hier nicht erschöpften Daseyns ein zu-
künftiges fordern zu dürfen glauben? Und

dürfte es nicht eine zu weit getriebene Anmaßung, der uns zu so mancherley nützlichen irdischen Zwecken verliehenen Neugier gewesen seyn, wenn sie verlangte, daß um ihretwillen eine Lebenskraft noch nach der sichtlichsten Zerstörung ihrer Organe als Kraft, mit Gefühlsvermögen und Bewußtseyn fortdauern sollte, eine Forderung, die, nach allen unsern Begriffen von einer Kraft, das Unmögliche voraussetzt?

Weg also mit allen Theorien, die zu ihrer Begründung Hypothesen bedürfen, welche im Grunde doch auf nichts anderm als auf süßen Wünschen und schönen Dichtungen beruhen! Soll mir etwas als meine Bestimmung klar einleuchten, so muß es eine Realität seyn, die ich deutlich erkenne, und zu deren Hervorbringung ich die innerste Neigung jedes Menschen ohne Ausnahme unwillkührlich hinstreben sehe. An dieses letzte Wahrzeichen will ich mich halten, sollte ich darüber auch auf Ergebnisse stoßen, die die ganze philosophische Welt als horrende verschrie.

Und kann ich lange zweifeln, worauf die innere Stimme meines Herzens mich führt? Glückseligkeit will sie haben, und nichts als Glückseligkeit. Und worin soll diese bestehen? Offenbar in dem Bewußtseyn des freyesten Gebrauches aller meiner Kräfte, und der möglich größten Befriedigung aller meiner Neigungen. Pein und Mißbehagen macht mir jede unterdrückte Lust, ich fühle mich unglücklich in jeder Beschränkung meiner Kräfte. Für jeden Genuß, zu dem ein Wesen meiner Natur sich berechtigt fühlt, und den ich mir versagen muß, klage ich das Schicksal kühn der Parteylichkeit, der Ungerechtigkeit an, und wenn nicht der Gedanke an eine unabänderliche Naturnothwendigkeit, der der gespaltene Baum und die zertretene Blume eben so streng als ich unterworfen sind, mich zum Schweigen zwänge: auf einen denkenden und fühlenden Regierer könnte ich — recht böse werden.

Waren es nicht von jeher die Dichter, die das innerste Gefühl der Menschheit am rein

sten und wahrsten ausgesprochen haben? Nun
so hört sie doch, vom ehrwürdigen Homer,
vom weisen Salomo, vom Solon und Mim-
nermus an bis auf unsern kräftigen, vollherzi-
gen Göthe, ob sie nicht alle das eigentliche Leben nur in den Lebensgenuß setzen, und den
als den Weisesten preisen, der am meisten die
Freuden des Lebens aufzusuchen und zu genie-
sen verstehe. Fühlen wir uns nicht selbst beym
Anblick eines gelehrten, arbeitsamen, nützlichen, redlichen, aber für allen Lebensgenuß
todten Mannes mehr zum Mitleid als zum
Neide gestimmt? Womit nicht gesagt ist, daß
der grobe sinnliche Genuß allein die wahre
Glückseligkeit ausmache. Denn der Mensch
hat ja nicht physische Kräfte allein, vielmehr
sind die geistigen die bey weitem edleren, und
die Beschauung ihrer Regsamkeit mithin auch
der edlere Genuß.

Genuß also, das vollkommenste Gefühl aller meiner Kräfte werde ich als eine Bestimmung dieses Lebens anerkennen müssen, da

alles mich darauf hinweiset, alles Lebendige ohne Ausnahme nur dahin verlangt, und Mann und Weib, Alt und Jung, Thoren und Weise unter allen Himmelsstrichen darin über: einkommen, selbst diejenigen nicht ausgenom: men, die mit dem Munde etwas anderes be: kennen. Und wenn das ist, nun was hindert mich denn, mich aus einem Genuß in den an: dern zu stürzen, und allen meinen Neigungen nach Herzenslust den Zügel schießen zu lassen?

„Was dich hindert? Versuche es nur: Du wirst es bald erfahren.“

Ach leider ja! Dieser verwünschte Zusam: mendrang von unzähligen meines Gleichen, die alle genießen wollen, wie ich; und mir mit raubgieriger Wuth tausend Gelegenheiten vor dem Munde weghaschen, die ich für mein Bedürfniß zu benutzen gedachte. Diese ver: haßte Gesellschaft! wozu ist sie doch nur da? Kann auch dieser Confluxus von Raubthieren eine edle Bestimmung haben? Wir wollen sehen.

Wunderbar genug ist dies millionenköpfige
Ungeheuer gestaltet, und weise in der That
muß es vom Schöpfer berechnet seyn, daß so
viel widerstrebende Kräfte sich nicht selbst zerstören, vielmehr dem Ganzen mit jedem Jahrhundert mehr innere Kraft und äußern Umfang
geben. Wunderbar muß auch die Entstehung
dieser Gesellschaft seyn. Welch ein Abstand
zwischen jenen Zeiten, da der kunsterfahrnere
Eisenschmied zuerst es wagte, Jagd, Viehzucht
und Ackerbau ganz aufzugeben, und diese Er-
werbzweige im Vertrauen auf seine Kunst den
Nachbarn zu überlassen, denen er Waffen und
Geräthe hämmerte, und zwischen den unsrigen;
wo die Beschäftigungen der einzelnen Men-
schenklassen in das Tausendfache vervielfältigt
sind, die unbedeutendste ihren Mann nährt,
und durch das Medium des Geldes (der ge-
meinnützigsten aller Erfindungen) ein Mensch,
der Jahre lang das Zimmer nicht verläßt, die
Producte des Feldes, die Gewürze des Orients,
die Fabricate der verschiedenartigsten Künstler

und Handwerker in seinen Besitz bringen kann.
Ich genieße Früchte, deren Vaterland ich nie
betrat; ich trage Kleider, die ich nicht selbst
gemacht habe; ich bediene mich vieler Dinge,
deren Verfertigungsart ich kaum kenne; ich
nehme Theil an jeder nützlichen Erfindung, die
seit viertausend Jahren von Menschen gemacht
worden ist; ich lebe sicher und in tiefem Frieden; ein stehendes Heer von Hunderttausenden
ist auch zu meinem Schutze da; ein Collegium weiser Richter sichert mir auch meine
Ansprüche und meine Rechte; die Werke der
scharfsinnigsten Wahrheitsforscher sind auch zu
meiner Belehrung geschrieben. Ich lese mit
Schrecken die Geschichten meines Vaterlandes
zu des barbarischen Chlodewigs Zeit. Was ist
seitdem aus meinem Volke geworden! Welch
ein kunstreiches, bewundernswürdiges Gebäude
ist diese Staatsverfassung! Sie enthält die Resultate alles Denkens und Bildens der Menschheit seit ihrer Entstehung bis jetzt. Und ich,
der ich die Früchte dieser Entwickelung mit ge-

nieße, bin ich nicht allen Erfindern der Vorzeit
Dank schuldig, die mir zu einer solchen Bildung und zu einer so künstlichen Vermannich-
faltigung der Lebensgenüsse den Weg gebahnt
haben? Und da die immer stärkere Verdichtung
der Gesellschaft immer mehr Kräfte in Bewegung setzt, und immer mehr Lebensquellen eröffnet: ist nicht mit der größten Sicherheit zu
erwarten, daß die Entwickelung des Menschengeschlechts immer höher steigen,: und endlich
einen Grad erreichen werde;: gegen den alles,
was wir bis jetzt erlebt haben, nur als Klei-
nigkeit erscheinen wird? Welch ein wunderba-
res Wesen, diese Gesellschaft!

„Dies millionenköpfige, raubthierartige Ungeheuer, das dir alle deine Freuden schmälert?"

O nein! Vergieb mir, allweises Wesen,
daß ich dies dein wundervollstes Werk nicht
früher untersuchte. Ja, ich sehe deutlich, mit
diesem Werke mußt du eine große, wahrhaft
göttliche Absicht haben. Aussprechen kann ich
sie nicht; aber eine dunkle Ahnung erlaubst du

mir zu faſſen. Du willſt mein Geſchlecht
zu einer Höhe der Entwickelung führen, von
der es jetzt noch keine Begriffe hat, und Myr
riaden von Jahren willſt du dich — daß ich
menſchlich von dir denke — an dem Anſchaun
dieſer immer ſteigenden und ſich immer allge
meiner ausbreitenden Entwickelung weiden. Ey,
welch ein Strahl von Erkenntniß geht jetzt in
mir auf! Nun, nun ſehe ich, allweiſer Vater,
wozu du mich beſtimmt haſt. Auch ich ſoll
meine ſchwache Hand anlegen an dieſen wun
derbaren Bau; ſeys auch nur, daß ich ein we
niges hinzutrage, oder ein Häuflein Schutt
wegſchaffe, oder wenn ich ſelbſt die Hand nicht
rühren kann, meinen Nachbarn, meinen Kin
dern rathe, was ſie thun ſollen. O welch eine
erhabene Beſtimmung, ein Arbeiter an deinem
Tempel zu ſeyn! Was ſchadets auch, daß ich
die Vollendung des Baues nicht erlebe? Kann
ich doch, ſo lange ich lebe, mich an dem er
götzen, was ich ſeit meiner Anſtellung zum
Ganzen beygetragen habe. Kann ich doch viel

leicht ein Werkstück hinauf winden, bey deſſen
Anblick, noch von ſpätern Geſchlechtern nicht
ohne Dank und Bewunderung mein Name genannt wird.

Wohl mir! Nachdem ich dieſe würdige Anſicht gefaßt habe, kann ich nicht mehr murren,
daß der Zwang der Geſellſchaft meine egoiſti-
ſchen Begierden hemmt. Kann ich von nun
an je wieder wünſchen, daß dieſe wunderbare
Geſellſchaft um meinetwillen lieber nicht ſeyn
möchte: ha, ſo bin ich es werth, von meinen
eigenſüchtigen Trieben zu Tode gepeinigt zu
werden, und Tantalusqualen zu dulden, durch
keine Gewährung verſüßt. Und ich ſollte von
der Gottheit ein zweytes Leben ertrotzen, um
die Genüſſe nachzuholen, die mir hier verwei-
gert waren? Thor, würde ſie mir zurufen,
verachteteſt du das edelſte Gefühl, Mitarbeiter an meinem Tempel zu ſeyn; ſo biſt du auch
nicht werth, länger in dem thieriſchen Genuſſe
zu ſchwelgen, den ich auch den andern Thieren
nur für ein Leben vergönnt habe.

ſi „Aber wer ſollte nicht die Vollendung zu
ſchauen wünſchen, wenn er an der Arbeit Antheil nahm?"

Um der Arbeiter willen hat noch nie ein
König gebaut. Suche du lieber im Arbeiten
ſelbſt deine Freude:

„Doch ums Himmels willen, welche Freude kann z. B. dieſer arme Soldat an ſeinem
Antheil von Arbeit finden?"

Auch er hat das Bewußtſeyn, an ſeinem
Platze unentbehrlich zu ſeyn. Auch Wächter
werden beym Baue gebraucht, und durch ihr
bloßes Wachen verrichten ſie einen nützlichen
Dienſt. Und wie die Kräfte, ſo die Arbeit.

Doch ſage mir, wenn das, was du genannt haſt, wirklich die Beſtimmung des
menſchlichen Geſchlechts wäre, warum würde
es denn Gott zulaſſen, daß ſo viele Menſchen
gänzlich verhindert würden, an dem großen,
gemeinſchaftlichen Werke Theil zu nehmen?
Denke nur an die Kranken, an die Mönche
und Nonnen ꝛc."

Die Natur hat die ungeheure Zahl ihrer Productionen so krämermäßig nicht abgewogen. Wie wir in eines Fisches Rogen tausend ungeborene verschlucken, wie unter zehntausend Eicheln kaum eine sich zur Eiche entwickelt, und dennoch weder an Fischen noch an Eichen Mangel ist: so können auch tausende von verkrüppelten Menschenindividuen, die am Wege zertreten werden, oder ungenutzt wie Blumen in der Wüste verwelken, bey dem großen Gange des Ganzen nicht in Betrachtung kommen.

„Aber was sagst du zu den Afrikanern, die nun schon seit Jahrtausenden diesem großen Gange untheilnehmend zuschauen?"

An sie ist die Reihe noch nicht gekommen. Von ihnen kann daher der Schöpfer noch kein Interesse für sein Werk erwarten. Doch um sie zu entschädigen, gleichsam statt eines Wartegeldes, hat er sie auf die erste Bestimmung des Menschen, den sinnlichen Genuß, desto nachdrücklicher angewiesen, und man weiß, daß sie sich diese Anweisung trefflich zu Nutze machen.

6.

Wie verhält sich die Sittlichkeit zur Glückseligkeit?

Aus dem Vorigen ergiebt sich, daß, der Mensch eine zwiefache Bestimmung habe, als Einzelwesen nämlich sich so glücklich als möglich zu machen, und als Glied der Gesellschaft zum Vortheile dieser Gesellschaft aus allen Kräften mitzuwirken. Auf das Erstere führen ihn blindlings seine Triebe hin, auf das zweyte der Drang der äußern Umstände. Kein Wunder, wenn dieser Drang, wie alle Beschränkung, Haß und Widersetzlichkeit erzeugt, und nur wenige Menschen bis jetzt sich auf den Standpunct haben erheben können, wo jene strenge Nothwendigkeit ihnen heilig, und jeder Aufopferung werth erschien.

Und unterhalb dieses Standpuncts — welch ein schwerer Kampf bietet sich da dem armen sinnlichen Geschöpfe dar! Er tritt in die Gesellschaft ein, und will von ihren Vortheilen

3 *

mit genießen, in ihr leben und glücklich seyn.
Jeder sieht ihn mißtrauisch an, als fragte er:
was kannst du uns geben? — Ich habe nichts
als meine Kräfte, spricht er. — Gut, so wen=
de sie uns zum Besten an, so wollen wir dir
lohnen. Er sieht sich um, und bemerkt bald;
daß man mit Jedem so verfährt. Hier erblickt
er einen, der die Bedingungen umgehen wollte,
aber von dem laurenden Gesetze hart bestraft
ward.; dort sieht er einen Trägen hülflos bet=
teln, dort einen Undankbaren verachtet gehen.
Wie? ruft er aus; so ist mir denn kein Genuß
erlaubt, den ich der Gesellschaft nicht erst ab=
verdient habe? So soll ich mir nichts von ih=
ren Gütern zueignen, das ich nicht mit ihrer
lauten Bewilligung hinnehmen darf? Die fa=
talen Gesetze! — Aber wie? schützen sie nicht
auch mich?

Ey freilich! ruft der Begüterte. Und ich
wollte, sie wären noch von weit größerm Um=
fange, oder vielmehr der Grund aller Gesetzge=
bung wäre allen Menschen von Natur so tief

ins Herz geschrieben, daß wir der äußern Ge=
setze gar nicht bedürften.

Siehe hier meine Wissenschaft, ruft der
Moralist ihm zu. Sie führt auf diesen Grund,
zeigt, daß er wirklich in jedes Menschen Brust
vorhanden sey, und ist das vollständigste Com=
plement der äußern Gesetzgebung, ja ihre Ba=
sis. Sie zeigt dem Unentschlossenen, Verwirr=
ten einen Ausgang aus dem Streite seiner
zwiefachen Bestimmung, indem sie ihn auf
die Tugend hinweiset. Was zagst du? spricht
sie ihn an. Diese Nothwendigkeit ist nur dem
eine schreckliche Göttinn, der sie haßt und lä=
stert, nicht dem, der sich ihr vertrauend, frey=
willig unterwirft. Jenen zieht sie bey den Haa=
ren zu ihrem Dienste, diesen lohnt sie für sei=
nen Gehorsam mit den edelsten Gefühlen. Zu
entfliehen ist ihr nicht, du mußt nach ihrem
Willen leben; aber da dem nun einmal so ist,
warum willst du es nicht machen, wie ein klu=
ger Minister, der, weil er seinen Fall vorher=
sieht, von selbst um seinen Abschied bittet? An=

statt, das Tausende von beschränkten Seelen nur
durch die Noth sich unwillig treiben lassen, zum
Wohl der Gesellschaft etwas weniges mitzuwir=
ken, und wie gepreßte Matrosen heimlich flu=
chend ihre Arbeit verrichten, nimm du viel=
mehr an dem allgemeinen Streben des Ge=
schlechts: mit Ueberlegung, mit Vorsatz, mit
Liebe Theil; dich begeistere die Größe des
Zwecks, zu dem du mitwirkst; und wenn du
darüber auch einige Genüsse, zu denen deine
erste Bestimmung dich berechtigte, aufopfern
müßtest, so denke, daß in dem Bewußtseyn,
dem Ganzen diese Aufopferung gebracht zu
haben, wiederum ein süßer Genuß liegt.

„Das klingt schön in der Rede, aber doch
ist es hart in der That.' In der Blüte des
Lebens, wo jede Ader nach Genusse strebt, und
das Gefühl meiner Kräfte mich nicht ruhen
läßt, soll ich mir Freuden versagen, die mein
innerstes Selbst begehrt, um gewisser Pflich=
ten willen, die nur eine kalte Reflexion mir
als heilig vorhält? In dem Kampf mit Ar=

muth und Sorge, mit der Bosheit schlechter
Menschen, mit der Treulosigkeit des Glücks
soll ich diejenigen rechtlich, ja brüderlich behan=
deln, die sich keinen Augenblick bedenken, mich
zu betrügen oder mir sonst zu schaden? Warum
machte es auch Gott den Menschen so schwer,
der Stimme der Vernunft zu gehorchen? War=
um gab er ihnen auf der einen Seite das Stre=
ben nach Glückseligkeit, und setzte ihnen auf
der andern einen Zweck vor, der jenes Streben
unzähligemal schnurstracks vereitelt? Wahrlich
nicht unrecht wars von den Philosophen, den
Schöpfer noch zu einem zweyten Leben zu ver=
pflichten, in dem er uns das Unrecht, das er
uns in diesem vielleicht nicht ersparen konnte,
vollkommen vergüten müßte. Und sage mir,
du, der du diesen Ausweg zu verwerfen scheinst:
wie anders willst du die göttliche Gerechtigkeit
retten?"

Sie rettet sich selbst auf mancherley Weise.
Schon genug wäre es, wenn — was jeder gern
gestehen wird — die Summe des Uebels, das

der einzelne Mensch zu tragen hat, im Gan=
zen doch von der Mehrheit der glücklichen Le=
bensstunden überwogen würde. Schon genug,
daß jedem ein Gefühl gegeben ist, das ihm
sagt: du verdientest nicht mehr, als du empfin=
gest. Schon genug, daß in den traurigen
Jahrhunderten des Mittelalters, wo die fürch=
terlichen Gährungen brauseten, aus denen die
jetzt beruhigten Staaten hervorgegangen sind,
zum Troste der hart geängstigten Menschen die
Herzenbeglückerinn, Religion, vom Schöpfer
selbst herniedergesandt war, ihnen den Man=
gel des irdischen Glücks durch die leuchtende
Hoffnung auf ein unvergängliches Himmlisches
zu ersetzen. Schon genug, daß die Stärke des
Gefühls im Menschen sich meistens nach dem
Grade seiner Erkenntniß richtet, und mithin
nicht jeder so elend ist, als er uns, seiner Füh=
lenden scheint. Aber die Gottheit selber hat uns
den Weg zur Tugend ganz vorzüglich dadurch
erleichtert, daß sie uns geistige Kräfte gab, de=
ren Vollgefühl uns dauerhafter glücklich ma=

chen sollte, als jeder physische Genuß. Das
eben ist das Zeichen wahrer Bildung, wenn
das Bewußtseyn unserer schön geübten, frey
wirkenden Geisteskräfte uns ein froheres Ge=
fühl gewährt, als jeder bloße Sinnengenuß;
ja wenn uns der letztere über dem erstern all=
mälig verächtlich, oder doch nur insofern wün=
schenswerth scheint, als er einer Veredlung
durch geistige Zusätze fähig ist. Jeder wahr=
haft edle Mann zu allen Zeiten hat im besel=
genden Anschaun seiner innern Kräfte klein ge=
achtet jede ängstliche Sorge um sein Leben, um
Essen und Trinken, um Fortkommen und äuße=
res Glück; klein geachtet die Polster der Wol=
lust, den Dunst der Küche, den Klang des
Goldes; klein geachtet die Schmeicheleyen der
Unmündigen, den Hohn des Unverstandes
und die Gunst der Großen. Ja, die Freudig=
keit, eine große Idee durchzuführen, hat
selbst in solchen, deren Ideen die Vernunft
nicht billigen könnte, Wunder der Selbstbe=
herrschung hervorgebracht. Wer zweifelt, daß

die Erſten, welche ſich in den ägyptiſchen Wü=
ſten dem beſchaulichen Leben gewidmet haben,
ſich nicht über alle Beſchreibung glücklich fühl=
ten in dem Bewußtſeyn, eine Qual freywillig
zu ertragen, die die gemeine menſchliche Na=
tur als den höchſten Grad der Unglückſeligkeit
verabſcheute? Kann nun die geiſtige Kraft des
Menſchen ſolche Wunder wirken, wie ſollte ſie
nicht hinreichend ſeyn, uns zu beglücken, wenn
ihr eine Aufgabe vorgelegt wird, deren Vor=
trefflichkeit die ruhige Vernunft eines jeden,
der ſie nur verſteht, anerkennen muß?

Und darf ich ſie noch nennen, dieſe Aufga=
be? Es iſt die: „Zeige durch dein ganzes Le=
ben, daß die Beförderung des allgemeinen
Wohlſeyns dein erſter Zweck und dein herzlich=
ſter Wunſch ſey; ſuche nur in dem Nutzen der
Geſellſchaft deinen eigenen, und behandle jeden
deiner Nebenmenſchen als deinen Mitarbeiter
an dem großen Werke der Entwickelung, als
deinen Bruder. Die Geſinnung, vermöge wel=
cher dieſe Idee uns die wertheſte und heiligſte

geworden ist, darf man ja wohl mit allem
Rechte Tugend nennen. Und wird man nun
noch fragen, wie die Tugend mit der Glückse:
ligkeit bestehen könne? Wer sich tugendhaft
glaubt, und den Lasterhaften um sein Glück
beneiden kann, der ist sicher von der wahren
Tugend noch weit entfernt. Güter endlich,
die uns die Natur versagt hat, z. B: Ge:
sundheit, Schönheit, und was daraus her:
vorgeht, muß man freilich von der Tugend
nicht verlangen wollen. Sie würden ja auch
durch Laster eben so wenig zu erlangen gewesen
seyn. Wohl ist es schwer, sich über solche
Mängel zu trösten; aber nimmermehr können
sie uns berechtigen, dem großen Ganzen unsere
Liebe und Achtung zu versagen.

7.

Gehört mehr Verstand zum Guten oder zum Bösen?

Diese Frage ist ungefähr von gleicher Art mit der: Gehört mehr Kraft dazu, mit oder gegen den Strom zu schwimmen? Denn wenn gleich bey weitem der kleinere Theil der Menschen moralisch handelt, so hat doch der ganze Staat im Allgemeinen die Tendenz zum Guten; die Gesetze wirken darauf hin, und jedermann, er sey selber auch noch so ungerecht, verlangt doch von Andern gerecht behandelt zu werden; ja mit dem guten Willen der Gesellschaft können wir kein Gut in derselben erlangen, das wir nicht um ihretwillen verdient haben. Welche unüberwindliche Hindernisse hat also der Böse nicht zu bekämpfen! Er hat nicht nur die Gesetze, nicht nur den Haß und die Verachtung der Guten, sondern sogar den Neid der andern Bösen gegen sich; und da besonders der

letztere sehr scharfsichtig und wachsam ist; so
wird er schon einen nicht gemeinen Grad von
List, Gewandtheit und Verstellungskunst besitzen
müssen, wenn er sein Wesen lange mit einiger
Sicherheit forttreiben will. Wer sich also nicht
eines ganz besondern Maaßes jener Geisteskräfte bewußt ist, der sollte sich eben so wenig
in jenen mißlichen Kampf einlassen, als ein
Wanderer, der die Schleifwege im Walde nicht
kennt, von der größen Heerstraße abweichen,
oder einer, der des Eislaufs nicht kundig ist,
sich auf die schlüpfrige Bahn wagen darf.

Dagegen ist es solchen, denen die Natur
ein vorzüglich reiches Maaß von Verstand und
Witz verliehen hat, ungemein schwer, dem
Pfad des Guten immer treu zu folgen. Der
Trieb nach Glückseligkeit nämlich, der uns antreibt, uns aller unserer Kräfte recht lebhaft
bewußt zu werden, flößt ihnen ein unwidersteh-
liches Verlangen ein, sich ihre Geschicklichkeit
recht oft zur Anschauung vorzuhalten, und sich
an den Wirkungen derselben zu weiden. Ist

nun nicht gleich ein guter Zweck vorhanden, so
ist ihnen auch der böse willkommen, und ge=
meiniglich üben sie dann ihre Kraft auf Kosten
ihrer unbehülflichern Nebenmenschen. So ist
z. B. kein Zweifel, daß nicht Cartouche im Be=
wußtseyn seiner unübertrefflichen Schlauheit sich
unendlich glücklicher gefühlt habe, als mancher
ehrliche Mann, der an den Folgen einer einzi=
gen Unklugheit, z. E. einer unvorsichtigen
Wahl der Gattinn, zeitlebens leiden mußte.
Aber eben so gewiß ist es auch, daß dieser
nämliche Cartouche noch unendlich glücklicher
gewesen seyn würde, hätte er so früh die Rich=
tung zur Tugend bekommen, als er sie zum
Laster erhielt, und hätte ihm folglich die selte=
ne Lebendigkeit seines Geistes so viel Gelegen=
heiten zu edeln Handlungen zugeführt, als sie
ihm zu Verbrechen finden half.

8.

Wie wird der Mensch zum Handeln bestimmt?

Wenn ich irgend eine meiner Handlungen betrachte, und mich frage: von wo aus begann der erste Stoß dieser Handlung, oder wo fing sie in meiner Seele an? so gerathe ich zuletzt auf eine Kraft in mir, die ich nicht weiter erklären kann, und die die Urheber der Sprache mit dem Namen Wille bezeichnet haben. Sie ist ein Analogon der Lebenskraft, richtet sich nach ihr auf das vollkommenste in den Graden der Stärke und Schwäche, und ist vielleicht, näher untersucht, mit ihr eines und dasselbe. Sie scheint mir bey den Thieren genau die nämliche Kraft, wie im Menschen zu seyn. Wie der Hauch unhörbar durch die durchgehends zugehaltene Flöte geht, und sich erst kund thut; je nachdem ihm eine Oeffnung frey gelassen wird; so sehen wir auch des Willens mannigfaltige

Wirksamkeit nicht eher, als bis ihm eine Ge=
legenheit zugeführt wird, sich zu äußern. Es
fragt sich also: wer führt ihm diese Gelegen=
heiten zu? Und hier ergiebt sich sogleich, daß
es Ideen sind, die den Willen bestimmen.
Was für Ideen, wird aus Beyspielen am deut=
lichsten werden.

Der Knabe, der nach dem Apfel greift, das
Mädchen, das auf den Ball zu gehen wünscht,
der träge Schüler, der aus Furcht vor dem
Regenwetter nicht in die Schule gehen will —
diese alle wollen etwas durch die Vorstellung
des Vergnügens oder Mißvergnü=
gens: die Mutter, die dem längstgesättigten
Knaben den Apfel versagt, und der Tochter ein
neues Kleid zum Balle kauft; der Lehrer, der
trotz dem Regen dennoch zur Schule geht:
diese werden zu ihrem Wollen durch die Vorstel=
lung der Nothwendigkeit bestimmt. Bey
einigem Nachdenken wird man finden, daß sich
alle möglichen Acte des Willens von diesen bey=
den Vorstellungen herschreiben. Indem ich am

Pulte, auf meinen Arm gestützt, eine Idee
verfolge, die mir interessant geworden ist, wird
mein Wille zu dieser Beschäftigung (denn auch
das Denken ist ja ein Handeln) durch die Vorstellung des davon zu erwartenden Vergnügens
bestimmt; indem ich aber über die Abfassung
eines mir aufgetragenen Amtsberichts nachden-
ke, hält die Vorstellung der Nothwendigkeit
meinen Willen anhaltend auf diese Meditation
gerichtet.

Die Nothwendigkeit, von der ich hier rede,
wird uns bald mehr, bald weniger nahe gelegt.
Der Sklave, der Schulknabe, der Soldat,
sieht den physischen Zwang unmittelbar vor Augen; der Handwerker wird durch die Vorstellung der nothwendigen üblen Folgen seines Un-
fleißes zum Arbeitenwollen gebracht; der kanti-
sche Philosoph endlich soll, wie man sagt, durch
die Vorstellung der unbedingten Nothwendigkeit des Sittengesetzes zu einem durchgängig
pflichtmäßigen Verhalten bestimmt werden. Der achtungswürdigste Mensch ist unstreitig

der, der sich jede Vorstellung, die seinen Willen bestimmen soll, erst ganz klar macht. Dies
geschieht indessen bey dem ungebildeten Menschen fast niemals, und bey dem gebildeten nur
in wichtigern Fällen. Gewöhnlich reicht schon
eine dunkle Vorstellung hin, uns zum Handeln zu bewegen, und vieles nehmen wir als
nothwendig und angenehm an, bloß weil es
andere dafür halten, oder weil wir selbst es von
Jugend auf so angenommen haben. Daß unter andern bey allen religiösen Handlungen des
gemeinen Mannes eine auf diese Art durch Ver-
jährung festgewurzelte dunkle Vorstellung der
Nothwendigkeit zum Grunde liege, darf wohl
nicht erst gesagt werden.

Es giebt Augenblicke, da man ganz willens-
los ist, z. B. wenn man in Gedanken ist, wa-
chend träumt, und Worte ausstößt oder Bewegungen macht, ohne daran zu denken. Es ist
eine seltsame Erscheinung, wie man in solchem
Zustande zuletzt plötzlich durch einen Gedanken,
man weiß nicht woher, geweckt wird, sich rasch

zusammennimmt, und durch einen Act des
Willens, der gewöhnlich von einer Vorstellung
der Nothwendigkeit herrührt, jenem halben
Wahnsinne sogleich ein Ende macht. Wer diesem Hange zum Träumen sehr ergeben ist,
kann während des Träumens zuweilen zu ganz
wunderlichen Handlungen oder Reden hingeris-
sen werden, deren er sich nachher selber schämt,
und die Leuten von größerer Geistesgegenwart
ganz unbegreiflich erscheinen. Aber solche, die
in diesem Falle sind — gewöhnlich nervenschwa-
che Personen — werden wohl wissen, was ich
meine. Auch erinnere ich mich, daß Rousseau
es irgendwo selbst von sich sagt, wie er oft in
diesem Zustande der Geistesverfinsterung Dinge
gethan habe, nach welchen ihn zu richten die
höchste Ungerechtigkeit gewesen seyn würde.

Wenn gleich die Willenshandlungen der
Menschen bey weitem dem größern Theile nach
solche sind, die aus der Vorstellung der Nothwendigkeit hervorgehen, so wird doch jedermann am besten wissen, daß sie ihm nicht die

4 *

angenehmſten ſind. Schon darum war von
einem kategoriſchen Imperativ. keine Frucht zu
erwarten, und ihn gar auf den Kanzeln dem
großen Haufen vorzuhalten; mußte billig als
ein thörichtes Beginnen getadelt werden. Ein
großer Theil dieses Haufens — nicht verach-
tungswürdige Leute — hört dem Prediger mit
ſtiller Verwunderung zu, der ihm die Nothwendigkeit, ſittlich zu handeln, beweisen will;
denn er iſt ſich wohl bewußt, daß alle Sünden,
die er je beging, Werke einer noch viel drin-
gendern Nothwendigkeit waren. Woher nehmen und doch nicht ſtehlen? iſt eine ſehr gemeine Redensart dieſer gedrückten Volksklaſſe,
die im Schweiße ihres Angeſichts kaum ſo viel
erwerben kann, als für die erſten Lebensbe-
dürfniſſe hinreicht. Der Herr Paſtor hat gut
reden; hört man ſie oft ſagen; er weiß nicht,
wie dem Hungrigen zu Muthe iſt. An dieſe
Armen hat die Moral kein Recht; denn wer
für ſein Leben kämpfen muß, hat nicht Zeit, an
das Wohl der Menſchheit zu denken. Solchen

Leuten kann man bloß durch die Klugheitslehre
beykommen, indem man ihnen begreiflich macht,
wie sehr sie ihren Zustand noch durch ein treu-
loses Verhalten gegen Andere verschlimmern
können.

1. Aus dieser Untersuchung der Quellen aller
Willenshandlungen ergeben sich mehrere Folge-
rungen, die für die praktische Sittenlehre von
der größten Wichtigkeit sind. Ist nur die vollkommene Vorstellung der Nothwendigkeit einer
gewissen Handlung erforderlich, um diese Handlung zu vollziehen: wie sollten nicht Eltern,
Lehrer und Erzieher ihr Hauptgeschäft daraus
machen, die Jugend so früh, so deutlich und
so vollständig als möglich von dem wunderbaren Bau der menschlichen Gesellschaft, von ihrem erhabenen Endzweck, und von dem Verhältniß des Einzelnen zu ihr zu unterrichten, damit sie selbst, schon als Knaben, die Nothwendigkeit einer sittlichen Lebensordnung einsehen und ehren lernten. Denn nur an dieser
Erkenntniß fehlt es Vielen, um weit bessere

Menschen zu seyn, als sie sind. Viele, die
jetzt nur, so zu sagen, Naturalisten in der Tugend sind, würden wahre Weise werden, wenn
sie den reinen Grund ihrer dunkeln Ahnungen klar anschauen könnten, und manchen Fehler vermeiden, den sie sich jetzt in der Meinung
erlauben, dieser eine habe ja so viel nicht zu
bedeuten.

Ferner: sind diejenigen Willenshandlungen
die zuverlässigsten, die aus der Vorstellung des
Vergnügens entspringen, nun so bleibt ja dem,
der der Sittlichkeit ernstlich nachstrebt, nichts
besseres übrig, als — was oben schon berührt
ist — sie in sein Gefühl aufzunehmen, und sie
zum Gegenstand seiner edelsten Kraftäußerun-
gen zu machen. Dann wird jede gute That,
die er hervorbringen will, ihm zum Kunstwerke; oder vielmehr, er selber wird sich zum
Kunstwerke, an dem er unablässig arbeitet, das
er mit inniger Selbstzufriedenheit betrachtet,
das er eben so sorgfältig vor Flecken schützt, als
der Maler das seinige. Will man diese Gat-

tung der Tugend Eitelkeit nennen, *) so ist es
wenigstens die edelste Art derselben, so wie So=
krates wohl derjenige ist, der es in ihr am wei=
testen gebracht hat. Denn die — nach meinem
Gefühl unendlich liebenswürdigere — Seelen=
größe Jesu ruhete wohl auf einer andern Grund=
lage.

———————

9.

Kann man denn wirklich zu allen Zeiten moralisch
handeln?

Es kann hier nicht meine Absicht seyn, den
berüchtigten Streit über die Freyheit des Wil=
lens einer neuen Prüfung zu unterwerfen.
Längst ausgemacht ist, daß das Gesetz der Cau=

*) Dies scheint Göthe's Meinung zu seyn, wenn
ich anders seinen Spruch recht verstehe:
Wie verfährt die Natur, um Hohes und Niedres
im Menschen
Zu verbinden? Sie stellt Eitelkeit zwischen hinein.

salität, dem all' unser Denken folgt, durchaus
mit keiner Freyheit vereinbar seyn könne. Da
niemand dies klarer ausgedrückt hat, als Fichte
im ersten Buche seiner Bestimmung des Menschen, so wird es mir erlaubt seyn, einige der
vorzüglichsten hierher gehörigen Stellen aus
seiner Abhandlung herzusetzen.

„Ich erscheine mir als frey, heißt es S. 36,
in einzelnen Begebenheiten meines Lebens,
wenn diese Begebenheiten Aeußerungen der
selbstständigen Kraft sind, die mir für mein In-
dividuum zu Theil geworden; als zurückgehal-
ten und eingeschränkt, wenn durch eine Ver-
kettung äußerer Umstände, die in der Zeit entstehen, nicht aber in der ursprünglichen Beschränkung meines Individuums liegen, ich
nicht einmal das kann, was ich meiner indi-
viduellen Kraft nach wohl könnte; als gezwungen, wenn diese individuelle Kraft durch die
Uebermacht anderer ihr entgegengesetzten sogar
ihrem eigenen Gesetze zuwider sich zu äußern
genöthigt wird. Gib einem Baume Bewußt-

seyn, und laß ihn ungehindert wachsen, seine
Zweige verbreiten, die seiner Gattung eigen=
thümlichen Blätter, Knospen, Blüten, Früch=
te hervorbringen. Er wird sich wahrhaftig
nicht dadurch beschränkt finden, daß er nun ge=
rade ein Baum ist, und gerade von dieser Gat=
tung, und gerade dieser Einzelne in dieser Gat=
tung; er wird sich frey finden, weil er in allen
jenen Aeußerungen nichts thut, als was seine
Natur fordert; er wird nichts anders thun
wollen, weil er nur wollen kann, was diese
fordert. Aber laß sein Wachsthum durch un=
günstige Witterung, durch Mangel an Nah=
rung, oder durch andere Ursachen zurückgehal=
ten werden; er wird sich begränzt und gehin=
dert fühlen, weil ein Trieb, der wirklich in
seiner Natur liegt, nicht befriedigt wird. Bin=
de seine frey umherstrebenden Aeste an ein Ge=
länder, nöthige ihm durch Einpfropfung frem=
de Zweige auf, er wird sich zu einem Handeln
gezwungen fühlen. Seine Aeste wachsen aller=
dings fort, aber nicht nach der Richtung, die

die sich selbst überlassene Kraft genommen ha=
ben würde; er bringt allerdings Früchte, aber
nicht die, die seine ursprüngliche Natur forder=
te. — Im unmittelbaren Selbstbe=
wußtseyn erscheine ich mir als frey: durch
Nachdenken über die ganze Natur finde ich,
daß Freyheit schlechterdings unmöglich ist. Das
erstere muß dem letztern untergeordnet werden,
denn es ist selbst durch das letztere sogar zu
erklären."

S. 45. „Ein Wollen ist das unmittelbare
Bewußtseyn der Wirksamkeit einer unserer in=
neren Naturkräfte. Das unmittelbare Be=
wußtseyn eines Strebens dieser Kräfte, das
noch nicht Wirksamkeit ist, weil es durch ge=
genstrebende Kräfte gehemmt wird, ist im Be=
wußtseyn Neigung, oder Begierde; der Kampf
der streitenden Kräfte, Unentschlossenheit; der
Sieg der einen, Willensentschluß. — Die
Kraft, welche jedesmal siegt, siegt nothwendig;
ihr Uebergewicht ist durch den Zusammenhang
des Universums bestimmt; sonach ist durch den=

selben Zusammenhang auch die Tugend, die
Untugend und das Laster jedes Individuums
unwiderruflich bestimmt. — Aber darum hört
die Tugend nicht auf, Tugend, und das Las-
ster, Laster zu seyn. Der Tugendhafte ist eine edle, der Lasterhafte eine unedle und ver-
werfliche, jedoch aus dem Zusammenhange des
Universums nothwendig erfolgende Natur."

S. 47. „Es giebt Reue, und sie ist das
Bewußtseyn des fortdauernden Strebens der
Menschheit in mir, auch nachdem dasselbe besiegt worden, verbunden mit dem unangeneh-
men Gefühle, daß es besiegt worden. — Be-
lohuung und Strafe sind die natürlichen Folgen der Tugend und des Lasters zur Hervorbringung neuer Tugend. Durch häufige bedeu-
tende Siege nämlich wird unsere eigenthümliche
Kraft ausgebreitet und verstärkt; durch Mangel an aller Wirksamkeit oder durch häufige
Niederlagen wird sie immer schwächer. — Verschuldet hat sich derjenige, und ihm wird sein
Vergehen zugerechnet, der die Gesellschaft nö-

thigt, künstliche äußere Kräfte anzuwenden, um die Wirksamkeit seiner der allgemeinen Sicherheit nachtheiligen Triebe zu verhindern."

Bekanntlich wendet sich der große Denker, dessen Worte ich hier entlehnt habe, trotz der ungemeinen Klarheit, mit der er diese Ansicht der Welt und der Menschennatur aufgefaßt hat, zuletzt mit Abscheu von derselben weg, um auf der Bahn des Glaubens eine den Wünschen seines innersten Gefühls schmeichelndere Perspective zu gewinnen. Was soll nun aber der thun, der ihm auf diese Bahn nicht folgen kann? Und wie kann man ihm mit voller Ueberzeugung dahin folgen wollen, da man sich auf der ersten schon an ein Ziel geführt sieht, von welchem aus gar kein zweytes mehr möglich zu seyn scheint? Soll man mit ihm sein Daseyn verwünschen, das man nun als eine Sklavenkette erkannt hat, von der nur in der Todesstunde Erlösung zu hoffen ist? Muß man nicht unwillig auf den Schöpfer werden, der, recht als hätte er seinen Spott mit uns treiben wollen, unmittelbar neben der Erkenntniß, daß wir nichts als todte Werkzeuge in seiner Hand sind, uns den brennenden Wunsch eingepflanzt hat, selbst Götter, selbst Urheber unserer eigenen Ideen und Thaten zu seyn? Welch ein heilloser Betrug! Ist mir das Selbstbewußtseyn nur dazu gegeben, daß ich gleichsam müssig dabeystehen und zusehen soll, wie in mir gedacht und gehandelt wird, und mich betrüben, daß nichts besseres in mir geschiehet?

Doch getrost! Er, der uns die Kraft des Denkens und des Glaubens verlieh, und an dem mannigfaltigsten Spiel der Geister wie der Farben und Gestalten seine Freude zu finden scheint, hat auch von jeher dafür gesorgt, daß selbst der wunderlichste Schwärmer in seinem Glauben, wofern es nur ein recht fester Glaube war, seine Beruhigung, sein Glück finden sollte. Auch dir, der du über die Aussicht, die der Determinist dir eröffnet hat, für jetzt noch in Schrecken starrend dastehst, wird

ein Trostgrund nahe seyn, wenn du ihn nur
aufsuchen willst. Sage mir doch zuerst, was
beunruhigt dich denn am meisten? Etwa der
Gedanke, daß du nun oft in den Fall kommen
werdest, es mit ansehen zu müssen, wie die
guten Kräfte in dir etwas sehr Edles hervor=
bringen werden, an dessen Stelle du gern etwas
Schändliches gethan haben möchtest? „Nicht
doch, das wäre noch zu ertragen; ja ich wäre
dem Fatum Dank dafür schuldig.“ Oder fürch=
test du, die Nothwendigkeit werde dich nun
oft in unkluge, niederträchtige Handlungen hin=
abreißen, deren traurige, entehrende Folgen
du alle tragen müßtest, während dein Bewußt=
seyn dich doch von allem Antheil an diesen
Handlungen frey spräche?

Allerdings ein fataler Fall! Aber bedenke
einmal, kannst du wohl je in diesen Fall kom=
men? Nimmermehr. So lange deine Furcht
währt, bist du sicher vor der Gefahr, eine je=
ner gefürchteten Handlungen zu begehen. Eben
um deiner Furcht willen erspart dir das Schick=

sal jede Handlung, die dich betrüben könnte.
Den wunderbaren Zusammenhang dieser Dinge
mag ein gemeines Beyspiel erläutern. Gesetzt,
es fände sich auf der Wachparade ein Soldat
ohne Gewehr ein, und antwortete auf Befra=
gen folgendes: Es sey ihm durchaus nicht bey=
gefallen, das Gewehr mitzunehmen, er habe
auf alle seine Ideen beym Ankleiden und
Weggehen genau Achtung gegeben, aber die,
daß er auch das Gewehr brauche, sey durchaus
nicht darunter gewesen; er hoffe Verzeihung zu
erhalten, denn er könne unmöglich glauben,
daß man so ungerecht seyn werde, ihn für
etwas zu bestrafen, das er nicht selbst verschul=
det habe, sondern welches die nothwendige
Folge der mangelhaften Productionskraft sei=
ner Phantasie gewesen sey: — Gesetzt, er
spräche so, was würde der Hauptmann ant=
worten? Unstreitig würde er, ohne auf seine
Rechtfertigung die mindeste Rücksicht zu neh=
men, die doch ganz gerecht seyn könnte, ihn
als einen absichtlichen Uebertreter der ihm wohl

bekannten Gesetze stråfen, und die sichere Folge
dieser Strafe würde seyn, daß weder dieser
Soldat noch irgend einer seiner Kameraden
jemals wieder sein Gewehr vergessen würde.
Wie nun hier die deutliche Einsicht in die Folgen einer gewissen unrechten Handlungsart allemal unausbleiblich den Willen zu der entgegengesetzten Handlungsart bestimmt, so kannst
auch du, der du dir fürchtest, dein Wille in dir
möchte einmal etwas gegen deine deutlichste
Einsicht unternehmen, sicher darauf rechnen,
daß eben diese Einsicht, wenn sie wirklich deutlich ist, auch immer die oberste Beherrscherinn
deines Willens seyn werde. Denn das Vermögen, mit welchem du deinen Combinationen
zusiehst, ist ja eben das Combinationsvermögen selbst, und indem du denkst, daß durch
dein Denken etwas dir nicht angenehmes be-
wirkt werden könne, weckst du ja die Vorstellung der Nothwendigkeit in dir auf, daß
mithin anders gehandelt werden müsse, und
diese Vorstellung der Nothwendigkeit war ge-

räbe erforderlich, deinen Willen zum Anders=
handeln zu bestimmen.

· Es ist also immer dasselbe, man handle
mit dem Bewußtseyn der Freyheit oder der Ge=
bundenheit. Immer wird geschehen, was nach
den Gesetzen unserer innern Kräfte geschehen
muß; die Vorstellungen des Vergnügens und
Mißvergnügens oder die der Nothwendigkeit
werden auf unsern Willen wirken, und indem
wir uns selbst beschauen, werden wir nicht an=
ders sagen können, als daß wir es sind, die
da denken, wollen und handeln.   So unge=
fähr würde man sich den Mechanismus eines
perpetuum mobile zu denken haben, ein Zir=
kel von Rädern, deren jedes in das nächste
griffe, bis endlich das erste sich mit dem letz=
ten dergestalt vereinigte, daß man nicht wüßte,
ob es dieses triebe, oder von ihm getrieben
würde. Hier ist abermals eine von den Grän=
zen, wo die Neugier verstummen und der An=
betung weichen muß.

· Noch könnte man fragen: wenn es die Ab=

ſicht der Natur war, uns durch eine unend-
liche Menge von verworrenen Fußſteigen vermöge ihrer blinden Gewalt nicht unſerm, nur
ihrem letzten Zwecke entgegen zu führen; warum
jagte ſie uns durch dieſe zahlloſen Umwege, ließ
uns in ſo viel Gruben fallen, und oft ſo
ſchmerzhaft wieder aufſtehen? Wozu das
Gaukelſpiel, uns ſo zu täuſchen, daß wir glauben mußten, wir wählten ſelbſt die Wege, und
ſetzten uns ſelber das Ziel vor? Dieſe Frage
iſt nahe verwandt mit der: Warum gab die
Natur uns dieſes Auge, das die Bewunderung
des Anatomen iſt, und knüpfte das Erkennen
der ſichtbaren Gegenſtände an ſo wunderliche
Bedingungen in demſelben, da ſie doch immer
neue Wunder zu Hülfe nehmen muß, um
durch dieſe vielen uns doch ewig unerklärlichen
Wege eine Senſation der äußern Gegenſtände
auf unſer Gemüth möglich zu machen? Warum erſparte ſie ſich nicht die vielen künſtlichen
Häute und Feuchtigkeiten, und verſchloß unſern Kopf vorne ſo wie hinten? Es kam ja

nur auf ihr Wollen an, um uns durch die
bloße glatte Haut eben so gut von der Farbe
und Gestalt entfernter Körper zu unterrichten,
als sie uns durch diese von der Härte und
Glätte näher belehrt hat. — Es wird schwer
seyn, auf diese Fragen eine Antwort zu finden;
doch ist so viel klar, daß wenn man diese Fra=
gen immer weiter verfolgen wollte, man zuletzt
auf diese stoßen würde: wozu am Ende ist die
Welt erschaffen? Aber selbst bey dieser Frage
äfft uns der in den Gesetzen unserer Denk=
kraft vernehmbare Weltgeist durch eine andere.
Wozu, fragen wir nämlich wieder, wozu die=
ser ungeheure Raum, wenn nicht die Welt
darin schwebte?

Doch genug des Speculirens. Es kam
hier nur darauf an, zu zeigen, daß kein De=
terminismus die Moral überflüssig machen
könne, ja daß diese Anfangs trostlos scheinende
Ansicht nichts in der Sache selbst verändere,
ja sogar bey näherer Beleuchtung ihre Trostlo=
sigkeit gänzlich verliere, indem diese ja nur

5 *

dann, bleibend seyn könnte, wenn wir durch die Erkenntniß auch das Gefühl der Freyheit verlören, welches aber durch keine Demonstration je geschehen wird, da es ein unabtrennbarer Bestandtheil unsers Selbstbewußtseyns zu seyn scheint. Eben so wie die genauste Einsicht in die Wahrheit des copernicanischen Sonnensystems, auch in dem größten Astronomen nimmermehr das fortwährende Gefühl austilgen wird, daß er, und mit ihm die Erde, feststehe, und daß er zu allen Zeiten oben auf derselben ruhe, unmöglich aber mit den Sohlen an ihrer untern Fläche, wie eine Fliege an der Decke, hangen könne: Man sieht, wie analog dieser Glaube jenem ist; und wie weißlich die Natur verfuhr, als sie beide, unserer Erkenntniß zum Trotze, gleichsam wie einen Machtspruch unserm Gemüthe aufdrang. Man wird auch nicht einwenden wollen, daß man eher vielleicht eben darum das ihm mögliche Gute unterlassen könnte, weil er glaubte, er könne ja doch aus eigner Kraft nichts thun;

Wem es so sehr an nothwendigen Aufforderun=
gen zu einem Guten fehlt, daß er diese Be=
trachtung anstellen kann, oder würde es, sicher
auch ohne die Betrachtung unterlassen.

Nicht also mit der Freyheit fällt Tugend
und Laster, sondern mit dem Glauben an
die Freyheit. Dieser Glaube aber ist unaus=
tilgbar. Laßt uns also immer fortfahren, von
jedem Menschen jedes moralische Gute streng
zu fordern, ohne alle Rücksicht auf seine Kräfte.
Indem wir aller die Forderung an ihn thun,
spannen wir seine Kräfte zugleich zu dem erfor=
derlichen Grade. So tadeln Recensenten den
schlechten Schriftsteller eigentlich mit Unrecht;
denn der würde ja von selbst wohl besser ge=
schrieben haben, wenn er das Vermögen dazu
gehabt hätte; aber doch ist die Furcht vor ih=
rem Tadel die unsichtbare Kraft, die jedes Gute
hervorbringt. Laßt uns die Vorstellung von der
Nothwendigkeit einer durchaus sittlichen Gesin=
nung früh in die Seelen unserer Kinder pflan=
zen, und sie täglich darin erneuern, damit sie

sich streng gewöhnen, jede andere Idee, die, ihnen aufsteigt, schnell mit jener in Beziehung zu
bringen. Halten wir ihnen so viele gute Beyspiele als möglich vor, damit ihr biegsames
Organ gleichsam als Schößling schon die Richtung zum Guten annehme, die ihm durchs
ganze Leben bleiben soll. Laßt uns schon das
kleinste sittliche Versehen an ihnen ernstlich
rügen, damit nie eine Schlaffheit in derjenigen
Ideenreihe Platz finden könne, die zu der
höchsten sittlichen Idee hinführt. Die Mutter,
die ihrem Kinde eine Unart ungestraft hinge-
hen läßt, angeblich aus dem Grunde, daß es
ja nur ein Kind sey, und es nicht besser verstehe, verräth eine wahrhaft bemitleidenswerthe
Einfalt. Es ist gerade so, als wenn der oben
angeführte Hauptmann den Soldaten ohne
Gewehr wegen seines Vergessens bedauerte,
und seiner Rechtfertigung Beyfall gäbe. Wer
von dem Werthe und der Nothwendigkeit
moralischer Gesinnungen deutliche Begriffe hat,
der predige sie laut, damit er seine Einsicht so

vielen als möglich mittheile, denn je mehr
er die Ideen Anderer berichtigt, desto mehr
zwingende Motive zum Guten bringt er in
ihnen hervor. Will es hier jemand als eine
Erfahrung anführen, daß die beste Erkenntniß
oft gar keinen Einfluß auf das Handeln habe:
so kann man dreist darauf antworten, daß da,
wo dies der Fall zu seyn scheint, die Erkenntniß wohl ein auswendig gelerntes und um der
Leute willen sorgsam zur Schau getragnes
Wissen, aber nimmermehr eine in Geist und
Herzen lebendig fest gewurzelte Ueberzeugung
seyn könne. Den Fall ausgenommen, wo bey
einem heftigen Temperamente die Hitze der
Leidenschaft auch den vernünftigsten Mann auf
Augenblicke in einen Wahnsinnigen umwan-
deln kann.

10.

Hülfsmittel zur Sittlichkeit.

Die Weisheit des Weltschöpfers hat dafür
gesorgt, daß die Erreichung eines Hauptzwecks
der Natur niemals nur der Einsicht und dem
Gutdünken seiner Geschöpfe allein überlassen
seyn sollte. So hat er die Selbsterhaltung
und die Fortpflanzung selbst der vernünftigen
Wesen an ein Paar allmächtige Triebe gebun-
den, und so hat er auch dafür gesorgt, daß
das Uebergewicht der sittlichen Ideen in der
Gesellschaft, ohne welches diese sich selbst auf-
reiben müßte, nicht von der Vernunft allein
abhinge, sondern durch eine Menge der ver-
schiedensten fremdartigen Triebfedern mitbe-
wirkt würde. Diese, zum Theil aus egoistischer Quelle selbst herfließend, sind vorzüglich
der Ehrgeiz, die Eitelkeit, das gute Herz, die
Gewohnheit, das moralische Gefühl, die

Furcht, das Mitleid, das Gewissen, die Religion.

Vielleicht möchte man in diesem Verzeich-
nisse auch die natürliche Schwäche erwarten.
Allein diese, wiewohl sie durch frühe Gewöhnung zu einer guten Richtung geführt, sehr
brauchbare und oft sogar liebenswürdige Menschen hervorbringen kann, ist doch eben so oft,
und öfter vielleicht, die Wurzel der verächtlichsten Niederträchtigkeit und Bosheit. Ja eben
so gut könnte man im Gegentheil die körperliche
Stärke als ein großes Hülfsmittel zur Tugend
nennen; da sie die zur Selbsterhaltung nöthigen Mittel leichter herbeyschafft, um deren
willen der Schwache so oft zum Verbrecher
wird; und da sie dem Reize zur Sünde nicht
so leicht unterliegt, auch weniger zum Müssig-
gange, dem bekannten Anfang aller Laster,
hinzieht.

Wenn man das zugiebt, was ich oben von
der Tugend gesagt habe, daß sie nämlich ihr
schönstes Leben, der Freude an der eigenen Ver-

nunftkräft verdankt, und daß das Selbstgefühl des Weisen demjenigen ähnlich ist, mit wel= chem eine wahrhaft schöne Person sich selbst betrachtet: so wird man auch gestehen müssen, daß der Ehrgeiz eins der wirksamsten Hülfs= mittel zur Tugend sey. Denn was kann mit der Freude an eigener Vollkommenheit, näher verwandt seyn, als die Begierde, Andere zur Achtung dieser Vollkommenheit zu nöthigen? Zwar ist der Ehrgeiz, als ein aus dem Selbst= erhaltungstriebe hervorgehendes Streben, eigentlich nur auf den Erwerb äußerer Vorzüge gerichtet; indessen da man mit diesen allein noch nicht die vollkommene Achtung der Men= schen erlangen kann, so ist der Ehrgeizige auch zu einem sittlichen Verhalten gegen Andere ge= nöthigt, aus dem die Welt auf die Richtig= keit der moralischen Ideenreihen in seinem Kopfe wenigstens soll schließen können. Auf diese Art wird der Mann von Ehre, wenn er zugleich klug ist, schon um seines äußern Cre= dits willen sich keine schlechte Handlung erlau=

ben, sondern immer mit größter Sorgfalt den
Schein der Rechtlichkeit bewahren, da ausge=
nommen, wo er sich mit seines=Gleichen zu=
sammenfindet, vor denen er nicht nöthig zu
haben glaubt; seine Grundsätze für etwas mehr
als politische auszugeben. Wer sieht nicht,
daß in diese Klasse von rechtlichen Leuten der
größte Theil der sogenannten gebildeten Welt
gehört? Sie sind zum Umgange recht brauch=
bar und angenehm, aber — es ist unächte
Farbe, die die Prüfung nicht aushält. Thö=
richt wäre es, ihnen unbedingt zu vertrauen;
der Weise wählt aus ihnen seine Freunde nicht.

Ob man den Ehrtrieb bey der Erziehung
benützen solle, ist kaum eine Frage. Schon
der alte Homer legt den Vätern, die ihre
Söhne entlassen, als den Kern aller Lehre die
Ermahnung in den Mund:

„Immer besser zu werden, und höher zu
„streben vor Andern;“…
und ich wüßte gar nicht, welche Vorstellung
schon dem Kindesalter faßlicher gemacht wer=

den könnte, als die, daß der Fleißigste,
der Geschickteste und der Sittlichste bey
guten Menschen auch immer der Geach-
teste sey, daß nichts Schimpflicheres und
Traurigers erdacht werden könne, als ein
Mensch, der auch gar nichts an sich habe,
was ihn seinem Mitmenschen werth machen
könne, und der wegen seiner Schlechtheit von
allen verachtet werde; daß man noch nicht ruhen dürfe, so lange man noch einen Mitschüler
über sich sehe, der verständiger, besser und
fleißiger sey; und daß die größten Männer
auch als Kinder schon gezeigt hätten, daß
ihnen das Gewöhnliche, Gemeine bey weitem
nicht genügte. Was man gegen diese Anspor-
nungen einwenden könnte, wäre etwa dieses,
daß solche Kinder in der Folge alles nur um des
Ruhmes willen thun würden; allein abgesehen
davon, daß dieß gar kein Unglück für die Welt
seyn würde, ist es ja einem verständigen Erzieher gar nicht schwer, in reifern Jahren, nachdem der Trieb nach dem Edleren einmal so

schön geweckt und angefacht ist, allmälig dem
Streben nach fremder Achtung das edlere Wohlgefallen an sich selbst unterzuschieben, für
welches auch jüngere Kinder schon Sinn genug
verrathen. So sieht man nicht selten einen
gutartigen Knaben, der unwillig eine Spiel-
stunde aufopferte, um etwa ein Musikstück ein-
zuüben, zuletzt, nachdem die Uebung herrlich
gelungen ist, freudig herumspringen, und dem
Vater danken, daß er ihn mit Ernst zu der
Arbeit angehalten habe.

Ganz anders, als mit dem Ehrgeize, verhält es sich mit der Eitelkeit. So glaube
ich, ist die Auszeichnungssucht solcher Menschen zu nennen, die, zu beschränkt am Geiste,
um sich ein einziges großes Ideal ihrer Strebungen vorzustellen, das mit der Totalität ihrer Kräfte erreicht werden müßte, sich begnügen, einzelne kleine Züge zu einem solchen
Ideale zu ergreifen und vor den Augen der Zuschauer wohlbehaglich zu verwirklichen. So
beeifert sich ein eitles Weib, weit entfernt, durch

die Harmonie ihres ganzen Wesens ein Bild
schöner Weiblichkeit darzustellen (wovon sie vielleicht gar keinen Begriff hat), den Männern
eine schöne Hand, einen zierlichen Fuß, weiße
Zähne, eine melodische Stimme, oder sonst
einen einzelnen Vorzug, dessen sie sich bewußt
ist, unaufhörlich vor die Augen zu rücken.
So drängt sich mancher Wicht, der im Herzen
vor dem Gedanken erschrickt, sich von seinem
lieben Ich zu trennen, und mit Leib und Seele
nur für das große Ganze zu leben — so drängt
er sich hinzu, wenn eine einzelne That der
Menschenliebe geschehen soll, oder ergreift eine
Gelegenheit, wo vieler Ohren und Augen auf
ihn gerichtet sind, durch schöne Worte eine hohe
Meynung von seinem gefühlvollen Herzen oder
seinen edeln Grundsätzen zu erregen; er macht
fremde Wohlthaten rühmend bekannt; wünscht
sehr, unter den Almosensammlern und Be-
schützern der Armen oder des unterdrückten Talents mit seinem Namen in öffentlichen Blät-
tern zu prangen; stellt sich gerührt von fremder

Uneigennützigkeit, und spricht mit Betrübniß
von den Fehlern des Nächsten. „Obgleich die Vor=
sehung dafür gesorgt hat, daß selbst aus der
Armseligkeit dieser Schwachen, dem Ganzen
hie und da auf mancherley Weise, ein Gutes
zufließt, so sey es doch fern von jedem Lehrer,
der nicht selbst zur Klasse dieser Wichte gehört,
zur Entstehung oder Nährung dieser Schwäche
absichtlich beyzutragen. Denn nicht genug,
daß die wenigen gleißenden Handlungen, die
aus dieser Quelle hervorgehen, ganz und gar
keinen Werth haben, so wenig etwa, als die
vergoldeten Nüsse, die Buchsbaumpyramide, an
der sie hangen, zum Range eines Fruchtbaums
erheben: der Thor, der sich dieser Art von Ei=
telkeit ergeben hat, ist eben dadurch auf immer
zur wahren Tugend verdorben, indem er nun
in jener ein Surrogat für diese gefunden zu ha=
ben glaubt, das ihn noch überdies der Be=
schwerden überhebt, die seiner Meynung nach
mit der anhaltenden Tugendhaftigkeit verbun=
den sind. Nicht genug also kann man die Zu=

gehd vor dieser Aftertugend warnen; ja man
sollte sie, wo sie sich zeigt, nach den Umständen
ahnden oder dem Gespött Preis geben.

Eine der sichersten Stützen einer einmal be=
gründeten tugendhaften Gesinnung (leider frey=
lich auch des einmal festgewurzelten Lasters)
ist die Gewohnheit. Ihre wunderbare
Macht gleicht jener mechanischen Kraft, die
man die Trägheit der Körper nennt, und ohne
sie würden unzählige neue Anstrengungen der
ersten bewegenden Kraft nöthig seyn, die wir
jetzt dafür zu vielerley neuen Verrichtungen brau=
chen können. Selbst das schwerste Geschäft
macht sie leicht, den gefährlichsten Seiltanz zum
Possenspiel, den Kampf mit den Wogen des
Weltmeers zur Lust, und Aufopferungen für
Andere zum süßen Geschäfte. Auch die Sittlich=
keit, wie Alles, wird uns durch sie zur andern
Natur, so daß wir zuletzt die Pflicht wie aus
einem bloßen Mechanismus üben, und die ent=
gegengesetzte lasterhafte Handlungsweise ganz
unmöglich finden. Welches jedoch den Werth

des Tugendhaften nur in den Augen derer
herabsetzen kann, die etwa auch von einem bewundernswürdigen Virtuosen sagen würden,
seine Fertigkeit sey gar keines Rühmens werth,
weil er sie ja durch vieles Spielen ganz natürlich erworben habe. — Hat nun die Gewohnheit
eine wunderbare Kraft, ja, ist sie sogar mit
dem sogenannten Charakter eines und
dasselbe; woher in aller Welt denn diese unbe-
greifliche Sorglosigkeit der meisten Eltern und
Erzieher in diesem Hauptgeschäft aller Erziehung? Wenn Ihr nicht frühe Eure Kinder zu
der Handlungsweise gewöhnt, von der Ihr
doch wünschet, daß sie dieselbe als Jünglinge
und Männer unausgesetzt beobachten möchten:
wenn glaubt ihr denn, daß dieselbe sich einfin-
den werde? Stellen sich denn bey einem Knaben, der niemals ernstlich zur weisen Be-
nutzung seiner Zeit, zur Bedachtsamkeit, zur
Bescheidenheit, zur Ordnung angehalten worden ist, diese Tugenden etwa so wie das Bart-
haar mit dem Jünglingsalter von selber ein?

Denkt ihr denn gar nichts bey den weisen
Sprüchen der Alten: Was ein guter Haken
werden soll, krümmt sich bey Zeiten; und: was
Hänschen nicht lernt, lernt Hans nimmermehr?
Was tausend Thörinnen zu unglücklichen Müt=
tern gemacht hat, ist die einzige unselige Redens=
art: Es wird wohl noch kommen. Die weisen
(aber wie viel sind deren?) sagen dafür: Es
muß geholt werden. Alle Hülfstugenden sind
ohnehin von der Art, daß sie nur durch einen
sehr geläufigen Mechanismus leicht werden,
und daher im Alter nie nachgeholt werden
können, wenn sie in der Jugend versäumt
worden sind. Dahin gehören die Ordnung,
die Pünctlichkeit, die Sparsamkeit und die
Reinlichkeit. Auch die ununterbrochene Thä=
tigkeit wird demjenigen sehr schwer, den erst
spät die Noth dazu zwingt. Die Schamhaf=
tigkeit, da sie eine bloß conventionelle Tugend
ist, beruht einzig auf früher und strenger Ge=
wöhnung; wo aber diese Statt gefunden hat,
ist sie dafür auch von solcher Kraft, daß man

sie für einen Naturtrieb halten könnte. Jeder Fehler also, der der Trägheit des Kindes über, sehen wird, ist als ein Rückschritt desselben in der entgegengesetzten Tugend zu betrachten, und dem Vater, der nicht mit der strengsten Consequenz jeden solchen Rückschritt verhütet, sondern es ruhig mit ansehen kann, wie die einmal angefangene Gewöhnung hundertmal unterbrochen wird, ist auf den Kopf zuzusagen, daß er die Sittlichkeit seines Kindes nicht achte, nicht wolle.

Was brachte denn die felsenfesten religiö, sen Ueberzeugungen in den Köpfen so vieler tausend Märtyrer aus dem gemeinsten Volke zur Zeit der Glaubensverfolgungen hervor? Was anders, als die blinde Autorität der Eltern, der Verwandten und der Lehrer? Diese hatten es geglaubt; also mußte es wahr seyn. Ja, sehen wir auf uns selbst, so müssen wir gestehen, wir haben einen großen Theil dessen, was wir für wahr halten, einzig auf Glauben angenommen. Wie sollten wir also

6 *

nicht eilen, unſern Kindern bey Zeiten diejeni=
gen ,Grundſäße durch unaufhörliche Wiederho=
lung einzuimpfen, die einſt in ihnen mit reli=
giöſer Kraft wirken ſollen?   Die berühmte .
Maintenon, eine der züchtigſten Frauen,
die je gelebt haben, hatte es als eine feſte
Maxime wohl tauſendmal von ihrer Mutter
gehört, es ſey nichts unanſtändiger, als einen
Mann zu umarmen, ja ihre Mutter ſelbſt
hatte ſie in ihrem Leben nur zweymal umarmt.
Daher die hohen Begriffe von weiblicher
Schamhaftigkeit, die dieſe Frau bey großem
Verſtande und in den üppigſten Hofzirkeln mit
unerſchütterlichem Ernſt behauptete.   Unſere
jeßige Töchtererziehung mit Inbegriff der un=
züchtigen Leſereyen, die man jeßt ſchon in den
Händen zehnjähriger Mädchen antrifft, ſteht
damit in einem trefflichen Contraſte. — Ein
Freund des Verfaſſers, ein ſehr ordnungslie=
bender und ökonomiſcher Mann, durfte vor
ſeinem zwölften Jahre kein Geld anrühren,
und lernte daſſelbe früh als etwas Heiliges an=

sehen, weil sein dürftiger Vater ihm oft erklärte, wie sauer es zu verdienen sey. Dies fällt mir immer ein, so oft ich Kinder mit Gelde spielen sehe. Es scheint ein unschuldiges Spiel, aber es kann leicht das unglücklichste von allen werden.

Ich habe oft die künstliche Erziehung in vornehmen Häusern als unnatürlich bespötteln hören, vermöge welcher ein dreyjähriges Kind schon so fertig in den Regeln des feinen Anstandes dressirt ist, daß es auf den Wink schweigt, spricht, kommt, geht, bittet, sich bedankt, die Hand küßt, eine Verbeugung macht, u. dgl. Man meint nämlich, dadurch werde die eigene Kraft ertödtet, und das heiße einen Pfirsichbaum am Spalier erziehen. Mich dünkt, es heißt einen jungen Baum durch Anbinden an einen Pfahl vor dem Krummwachsen sichern. Man sehe doch nur die Früchte jener bespöttelten Erziehung. Es sind keine andern, als daß der Edelmann sich von Hause aus durch ein feines Betragen und einen edlen Anstand so

sehr vor dem Bürger auszeichnet, daß er von
einer edlern Race erzeugt scheint. Ja wenn
man in einem adeligen Hause an der bescheidenen Artigkeit der Kinder seine Freude hat, so
möchte-man an der Tafel eines modernen Pädagogen vor Aerger bersten, daß man über dem
Lärm der Kinder sein eignes Wort nicht hören
kann. Wo wahre Kraft ist, da kann sie niemals unterdrückt werden. Aber Richtungen
kann man ihr früh geben; und wer gäbe ihr
bey seinen Kindern nicht gern diejenige, die er
für die wohlthätigste erkennt?

Ich kann hier eine schöne Gewöhnung nicht
übergehen, die den Erziehern nicht genug zu
empfehlen ist, die Gewöhnung schon der kleinsten Kinder an den Gedanken an Gott. Wie
man auch über die Religion urtheilen möge,
so wird doch jeder gestehen müssen, daß dieser
Gedanke in den Händen des Erziehers ein schönes Vehikel werden kann, seinen Lehren eine
heilige Autorität zu geben. Der Glaube an
einen allsehenden Zeugen unserer Handlungen,

der zugleich ein gütiger Vater sey, kann Kindern, die noch nicht grübeln, sehr interessant
gemacht werden, und es wird dadurch ein
gewisser Idealismus erregt, der, wenn ihn
auch späterhin Geschichte und Philosophie wieder abstreifen, doch alle die guten Gewöhnungen im Manne zurückläßt, die man dem Kinde
damit einimpfte.   Bey den Mädchen wäre
dies fast noch mehr als bey Knaben zu empfehlen. — Doch genug der Abschweifun-
gen!

Sehr nahe mit der guten Gewohnheit
hängt das sogenannte gute Herz zusammen, das im gemeinen Leben so sehr ge-
rühmt, und von denen, die sich weise dünken,
so tief verachtet wird.   Die letztern meinen
nämlich, es sey im Grunde nur Schwäche,
wo nicht gar Dummheit, und da es nicht das
Werk der Vernunft sey, fast ganz ohne Werth.
Ich an meinem Theile rathe sehr, jeden zu
fliehen, der diese Sprache redet; er selber hat
gewiß kein gutes Herz, sonst würde er ein Gut

nicht so schnöde verlästern, das diejenigen, die
es besitzen, so glücklich macht.

Gewöhnlich hört man das Lob des guten
Herzens aus dem Munde der Liebenden, wenn
sie von ihren Geliebten sprechen. Dies könnte
uns vielleicht auf den eigentlichen Sinn dieses
Lobspruches führen. Welche Eigenschaft ist es
nämlich, die uns an dem theuren Gegenstande
unserer Zärtlichkeit so einzig entzückt, wie an
keinem andern Wesen? Ist es nicht das arg-
lose Hingeben der Geliebten, das süße Vergessen ihrer selbst in den Armen des Mannes,
dem sie sich ergab; das kindliche Vertrauen zu
seiner Güte, das willige Mittheilen des Kost-
barsten und Heiligsten, was sie hat, in der
sichern Ueberzeugung, daß er dessen würdig
sey, ja noch unendlich mehr als das verdiene?
Wer je die Sprache dieser Empfindung in dem
verklärten Himmelsblick eines keuschen Weibes
gelesen hat, der wird wissen, was er dabey zu
denken hat, wenn er das gute Herz nur für
ein Eigenthum der Dummen erklären hört.

Fern vom Geräusch der großen Welt; in
Häusern, wo ein ächter Familiengeist herrscht,
wie ihn uns der Dichter der Luise und des
Pfarrers von Wakefield so reizend schildern,
geht das gute Herz, das zuerst den biedern
Gatten an die züchtige Gattinn zog, wie ein
Vatersegen auf die Kinder über, die aus dieser
glücklichen Ehe erwachsen. Wie die unschuldigen Kleinen ihre Eltern nie anders als liebs
reich und gütig mit einander umgehen sehen,
ja von der Mutter oft ins Geheimniß gezogen
werden, wenn sie dem Vater an einem Feste
eine freudige Ueberraschung bereiten will; wie
dieser beym Nachhausekommen mit seinem
Oberrocke auch seinen Ernst ablegt, Mutter
und Kinder liebkosend umarmt, und nun in
sorgloser, hingegebener Vertraulichkeit alles er-
zählt, was er gehört hat, alles mit seinen
Lieben bespricht, was er thun will, nichts
Geheimes vor ihnen hat, weil er sie als zu
seinem Selbst gehörig betrachtet: so fassen auch
die unverderbten Kinder früh den herzlichen,

vertraulichen Sinn der Eltern auf, und das
zarte Gemüth gewöhnt sich vom Mutterbusen
an zur treuherzigen Hingebung, zum arglo-
sen Vertrauen gegen Jeden, den es kennt,
und trägt selbst dem Fremden ein Herz voll
Unbefangenheit und Wohlwollen entgegen.
So gewöhnt an eine offene Mittheilung,
an ein Voraussetzen derselben Güte bey Andern, ist nun allerdings der treuherzige
Jüngling bey seinem Eintritt in die große
Welt den Politikern eine höchst naive Erscheinung, und wenn er es nicht bald inne
wird, daß auf diesem weiten Marktplatze
des Eigennutzes andere Maximen, als im
väterlichen Hause, gelten, so wird er freilich
dem Verdachte der Einfalt schwer entgehen
können. Ja, was sage ich, dem Verdachte?
Da es die Klugheit wirklich darauf anlegt,
Andern Vortheile abzugewinnen, und das
gute Herz vorzüglich in der Bereitwilligkeit
besteht, Andern so viel Vortheile als möglich
zu lassen und zu gönnen: so stehen beide ge-

•radehin in Opposition gegen einander, und
der gutmüthige Jüngling wird, um nicht
für sein gutes Herz unaufhörlich zu leiden,
und ein Ball jedes Schlaukopfes zu werden,
an nichts eifriger arbeiten dürfen, als an
der Unterjochung seines wohlwollenden Gefühls unter die Herrschaft der Klugheit;
welches jedoch nur wenigen ganz gelingt,
weil das politische Leben, wie jede Kunst,
früh geübt seyn will.

In einem auffallenden Contraste mit diesem
Bilde stehen diejenigen Menschen, die unter einem so feindseligen Gestirn geboren wurden,
daß der Hauch der Liebe ihr junges Herz nie
erwärmend berühren konnte, die vielleicht ohne
Mutter aufwuchsen, und einzig von der Barm-
herzigkeit, wo nicht gar von der bezahlten
Amtspflicht fremder, kalter Menschen ihre
kümmerliche Nahrung empfingen. Ausgesto-
ßen in die Oede eines menschenleeren Auf-
enthalts oder in den Tumult eines wilden
Volksgedränges, „das: kalt bey ihnen: vor-

überströmte, und in welchem jeder Einzelne
nur seinem Vortheile oder seinem Genuſſe
nachſtürzte, konnte in ihrem erſchreckten Gemüthe wohl nie eine Ahnung davon aufkom-
men, daß ünter dieſen Millionen von Menſchen Einer für den Andern vorhanden ſeyn,
Einer an des Andern Daſeyn, oder gar
am Wohl des Ganzen ſeine Freude finden
könnte. So weit erwachſen endlich, um in
dies Gewühl ſelbſt mit eintreten zu können;
von der Noth gezwungen, ihren Unterhalt
in demſelben zu ſuchen; und nicht im Ge-
ringſten unterſtützt von äußern Hülfsmitteln,
müſſen ſie ſich einzig auf ſich ſelbſt verlaſſen,
aus ihrem eignen Vorrath die Mittel erfin-
den, und die Thorheiten Anderer zu Hülfe
nehmen, um nur ihren Platz zu behaupten.
Welchen harten Stand findet ſolch ein Armer da! Ringsum ſieht er Tauſende ſeines
Gleichen, die mit ihm nach einem Ziele
ſtreben; unzähligemal wird ihm, was er
ſchon feſt zu halten glaubte, vor dem

Munde weggehafcht, und ein ewiger Krieg
tobt, in welchem bald Stärke, bald Schlauheit den Sieg gewinnt. Wie follte ihm in
diefem Gedränge nur etwas dem ähnliches,
was der gutgeartete Knabe im Kreife feiner
geliebten Eltern und Geschwifter empfindet,
in den Sinn kommen? Er fieht in feinen
Mitmenfchen nur feine Feinde, er ftellt fich
nur freundlich gegen fie, wenn er mit Gewalt nichts von ihnen erlangen kann; er
denkt alfo auch von ihrer Freundlichkeit nicht
beffer, und ift nur mehr auf feiner Hut,
je zuvorkommender man ihm begegnet; er
hält alle Tugend aus innern Principien entweder für Chimäre oder für Affectation, und
verachtet alle, die nach reiner Sittlichkeit
ftreben, als befchränkte Köpfe oder Heuchler.
Da er das Leben als einen ewigen Krieg
anfieht, fo kennt er keine andere Größe,
als die Niedertretung recht vieler Feinde,
und der Fall diefer Feinde koftet ihm keine
Thräne, weil er darauf gefaßt ift, auch

seinerseits jeden Augenblick dem nämlichen Kriegsglück zu unterliegen.

Menschen dieser Art, gefühllos wie die Steine, und fähig, um eines geringen Vortheils willen das Abscheulichste zu vollführen, gehen am häufigsten aus dem Elend der niedrigsten Volksklasse hervor, und bilden sich in dem verzweiflungsvollsten Kampfe um die Selbsterhaltung mit ihres Gleichen. Sie sind aber auch in den Zirkeln der Großen anzutreffen, wo die Mütter wichtigere Geschäfte haben, als dem lästigen Säuglinge ihre Muttermilch und ihr Mutterherz einzuflößen, wo schon die Knaben sich in Cabalen und die kleinen Mädchen im Kokettiren üben, und wo derjenige der Geachtetste ist, der seinen Nebenbuhlern die feinsten Schlingen zu legen weiß. Der wahre Boden solcher Tigermenschen aber ist ein von wilden Factionen zerrissener, aus allen seinen Fugen getretener Staat, in dem Anarchie und Bürgerkriege rasen, und kein

Gesetz gehört wird. Hier finden sie den
rechten Tummelplatz für ihre menschenfeinds
lichen Begierden, und wo alles in Waffen
ist, hält keine Scheu sie zurück. Man
denke an die Ungeheuer der Revolution;
und an die Blutscenen in den Bürgerkriegen
des alten Roms. Man lese die Geschichte
des Cäsar Borgia, des Pizarro, des Wals
lenstein, und man wird finden, daß von
dem, was wir gutes Herz nennen, auch
nicht ein Gedanke in ihnen gewesen ist.
Mit Löwen und Tigern sie zu vergleichen,
hieße noch schonend von ihnen sprechen;
denn diese Thiere würgen doch nur solche,
die der Gattung nach unter ihnen sind; das
gegen jene gegen ihr eigenes Geschlecht wüs
then, ja ganze Haufen von Menschen mit
kaltem Blute ihrem Egoismus opfern konnten.

Aus allem diesen erhellet, daß das gute
Herz nichts anders ist, als eine frühe Ge
wöhnung zum Wohlwollen und Vertrauen ge
gen Andere, im Gegensatz von der egoistischen

Verschlossenheit und vorsichtigen Politik, die
immer eher haßt als liebt, eher mißtrauet als
trauet, eher nimmt als giebt. Und weil es
denn eben eine Gewöhnung ist, so kann es
nicht unschicklich klingen, wenn man auch Thiere eines guten Herzens fähig nennen wollte.
Sprechen wir nicht oft von einem guten Hunde, einem guten Pferde, und verstehen darunter gleichfalls eine Gewohnheit dieser Thiere,
eher zu liebkosen, als sich zu widersetzen, und
eher zu dienen, als zu schaden? Und ist nicht
die Zahmheit eines Löwen, der seinen Führer lieb-
koset, ein vollkommenes Analogon von der
Treue eines alten Dieners, der es dankbar erkennt, wie seine Existenz mit der Güte seines
Herrn innig zusammenhängt? Man bewun-
dert oft die Zahmheit solcher reißenden Thiere;
aber ich sollte meinen, daß die Humanität,
die die Cultur allmälig aus der Brutalität des
reißendsten aller Raubthiere, des Menschen,
hervorgebracht hat, noch weit bewundernswür-
diger wäre. Auch über dies Capitel der An-

thropologie hat die französische Revolution uns
merkwürdige Aufschlüsse gegeben. Von dem
Augenblick an, da die Schranken der gesetz=
lichen Ordnung niederstürzten, verwandelte
sich die feinste Cultur des Parisers in den Blut=
durst des Pantherthiers; der Mensch verz
schwand, und nur das Raubthier blieb übrig.

Interessant ist es, zu sehen, wie sich das
gute Herz unter Umständen behauptet, wo al=
les den Verstand auffordert, nur auf den Vor=
theil zu schauen. Hier wirkt es etwa wie eine
sanfte Frau auf einen starrsinnigen Ehegatten,
der in der Regel ihr keine Theilnahme an sei=
nen Geschäften erlaubt, wohl aber in Stunden
der Muße ihrem gutgemeinten Gespräche ein
Ohr leiht. So sehen wir Cäsarn und Hein=
rich IV. mit festem Schritt ein großes, krie=
gerisches Werk verfolgen, und während dessel=
ben jede sentimentale Betrachtung, als hier
nicht her gehörig, kalt beseitigen; dann aber
nach errungener Palme, dem alten Hauge des
Herzens zum Wohlwollen und Verzeihen freyen

Lauf laſſen, und wieder Menſchen und Freunde
ſeyn. Beide Männer mögen zum Beiſpiele
dienen, daß das gute Herz der Kraft, ent;
ſchloſſen zu handeln, keinen Eintrag thue,
ſondern ſich vielmehr ſehr wohl damit verei;
gen laſſe.

Es iſt einleuchtend, wie außerordentlich die
Maſſe der guten Handlungen durch diejenige
Klaſſe von Menſchen vermehrt wird, denen
wir ein gutes Herz beylegen; eine Klaſſe, die
in der That zur Freude aller Guten ſehr zahl;
reich iſt. — Inſofern alſo muß der Freund der
Menſchheit es den Aeltern und Erziehern wün;
ſchen, daß ſie von dem guten Herzen ja nicht
eine ſo ſchlechte Meinung hegen, ſondern viel;
mehr bei ihren Kindern aus allen Kräften dar;
auf hinarbeiten möchten. Macht man ſie nur
mit den Gefahren der großen Welt und mit
den dagegen erforderlichen Klugheitsregeln
gleich frühe bekannt, ſo hat man keinen Scha;
den für ſie von ihrer Gutherzigkeit zu befürch;
ten. Wie die Erziehung zu dieſem Charakter

zu veranstalten sey, wird jeder leicht von selber finden. Da das gute Herz nichts als eine Gewohnheit ist, so gilt von ihm alles das, was ich oben von dieser gesagt habe. Aber es muß die frühste aller Gewöhnungen seyn. Der Anfang kann nur von einer liebevollen Mutter kommen, die den zarten Säugling mit ihrem eignen Leben nährt, ihre Liebe in seine zarte Seele hinüberpflanzt, und ihre Ruhe und ihre Vergnügungen ihm mit Freuden aufopfert *). Ein traulicher Familienschooß muß dann den so gepflegten umfassen, in welchem nur ein Geist der Liebe herrscht, und in welchem er verwahrt ist vor allen Anfeindungen des Neides und des Eigennutzes. Darauf hat auch die Natur so deutlich hingewiesen, indem sie allein dem Kinde des Menschen eine so lange Unmündigkeit bestimmte; aber freilich müßten

---

*) Wirklich lehrt uns die Geschichte, daß die beiden oben angeführten Helden, Cäsar und Heinrich IV., das Glück gehabt haben, von solchen Müttern erzogen worden zu seyn.

7 *

zu diesem Behufe manche Ehen ganz anders
geschlossen, manche häusliche Verfassungen ganz
anders geformt seyn, als man dies leider vorzüglich in größen Städten findet.

Ich komme zu einem andern Hülfsmittel
zur Sittlichkeit, zu dem moralischen Gefühle. Worin dies bestehe, ist meines Er-
achtens von den bisherigen Moralisten noch
nicht befriedigend erklärt worden. Am schlechtesten haben es diejenigen wohl beobachtet, die
es für eine eigenthümliche und angeborene Kraft
des Gemüths ausgegeben haben. Bekanntlich
regt es sich bey jedem moralischen Falle, den
wir hören oder lesen, und bestimmt uns vor-
läufig, ohne alles Nachdenken, zur Billigung
oder zum Abscheu. Wir hören von einem
schändlichen Betruge, der einem Unschuldigen
gespielt worden ist; wir lesen von den Abscheu-
lichkeiten eines Nero oder Caligula, und werden empört darüber, daß keine höhere Gewalt
da war, die Menschheit an diesen Ungeheuern
zu rächen. Woher nun diese innere Stimme,

die so sehr auf Recht und auf Bestrafung der
Ungerechten dringt? Mich dünkt, sie kommt
aus einem völlig-egoistischen Organe, und ist
nur eine Erweiterung des eigenen Selbsterhaltungstriebes, der uns eifersüchtig auf jeden
macht, der die uns gebührenden Rechte antas-
ten will. Wir wünschen eine allgemeine Moralität, damit wir allgemein vertrauen können,
und je mehr wir uns bewußt sind, selbst mit
aller Strenge unsere Pflichten gegen Andere zu
erfüllen, desto mehr empört es uns, Andere an
ihrem Theile so gewissenlos zu sehen. Unsere Eifersucht in diesem Puncte geht so weit, daß längst
verübte, ja selbst bloß erdichtete Thaten der Ungerechtigkeit uns zum Zorn entflammen, daß wir mit
den unglücklichen Zeitgenossen des Nero sympa-
thisiren, und jede tyrannische Verletzung der
allgemeinen Menschenrechte zu einer Sache der
Menschheit machen. Was für ein Leben müßte
es seyn, ruft uns der Egoismus zu, wenn so
ein Verfahren allgemein werden sollte, oder
wenn ein Nero und Caligula wiederkehrte!

Bekanntlich gehen viele Gefühle aus Vorstellungen hervor, und lösen sich wieder in Vorstellungen auf, wenn man ihnen näher nachforscht: Von dieser Art ist das moralische Gefühl. Es entsteht, indem die Vergleichung einer einzelnen Erscheinung mit einer allgemeinen Idee in unserm Kopfe so schnell von statten geht, daß wir uns dieses Geschäfts nur als eines dunkeln Gefühls bewußt werden; aber untersuchen wir dieses Gefühl, so finden wir, daß demselben eine deutliche Vorstellung zum Grunde liegt, nämlich die der Folgen, welche aus einer dem einzelnen Falle gemäßen allgemeinen Maxime hervorgehen müßten. Auf den, dem die moralische Ideenreihe recht geläufig ist, macht die Erzählung einer fremden Immoralität genau denselben Eindruck, den ein sprachkundiger Mann beym Anhören eines fremden Sprachfehlers empfindet.

Als Hülfsmittel zur Sittlichkeit kann also das moralische Gefühl nur in so fern gelten, als es uns die Beyspiele fremder Güte oder

Ungerechtigkeit aufmunternd oder warnend vor
die Augen hält; doch möchte es wohl unter allen das kraftloseste seyn, denn derjenige, der es
ehrt, bedarf seiner nicht erst, und dem Andern
wird es nie an Scheingründen fehlen, es zu
übertäuben.

Ich komme zur Furcht. Daß diese nicht
bloß die Quelle vieles sittlichen Guten, sondern eine Haupttriebfeder menschlicher Handlungen überhaupt ist, bezeugt die Geschichte.
Sie machte selbst einen Augustus zum muster-
haften Regenten; sie trieb schon oft in schwachen
Menschen Kräfte hervor, die sonst ewig in ihnen
geschlummert hätten; sie ist die erste Erzeugerinn
der Klugheit; ihr verdankt die menschliche Gesellschaft die erste Gesetzgebung. Was würde
aus unsern Staaten werden, wenn nicht die
Furcht vor den Gesetzen und der militärischen
Zwangsmacht der Regenten den unruhigen Pöbel im Zaum hielte! Wie schlecht würde selbst
das gute Herz oft den Kampf mit dem Eigennutz bestehen, wenn nicht eine heilsame Furcht,

auch das, was man noch hatte, zu verlieren,
die Versuchung zurücktreiben hälfe!

Nahe verwandt mit der Furcht scheinen mir
auch das Mitleid und das Gewissen, ob
man gleich beide bisher zu edlern Trieben hat
machen wollen. Aber edel oder nicht; genug,
daß sie Gutes wirken und Böses verhüten.
Daß das Mitleid eine bloß egoistische Empfindung sey, wird jeder fühlen, wenn er auf das
merkt, was beym Anblick eines Unglücklichen in
ihm vorgeht. Unstreitig ist es ein dunkles Ver-
setzen seiner selbst in die Lage des Armen, und
ein schnell aus dieser Abstraction gezogener
Schluß auf das, was wir in dieser Lage von
Andern wünschen würden. Sehr gut drückt
Moliere die Sache in folgenden Versen aus:

L'homme sent qu'il est homme, et tant
qu'il sentira,

Que les malheurs d'autrui peuvent un
jour l'atteindre,

Il prendra part aux maux, qu'il a raison
de craindre.

Das Gewiſſen iſt noch gröberer Art. Es iſt die reine Furcht vor der Strafe, ſey es vor der menſchlichen oder vor der göttlichen. Dies er= hellt ſchon daraus, daß ſich jeder Unſchuldige, wenn er in einen Verdacht gezogen wird, dar= auf beruft, daß er ein gutes Gewiſſen habe, womit er nichts anders ſagen will, als daß er eine gerechte Strafe nicht fürchten dürfe. Man nehme einem Haufen Soldaten einmal die Furcht vor der Strafe, z. B. bey einer Plünderung, und wir wollen ſehen, wo das Gewiſſen bleiben wird (wenn nicht etwa die Furcht vor einer göttlichen Strafe wirkt). Wo finden wir auch nur eine Spur davon bey einem Nero oder Caligula, die ſich über alle menſchliche Geſetze erhaben wußten, und die göttlichen für eine Träumerey hielten? Oder bey ſolchen Völkern, denen die Sitte erlaubt, ihre alten Väter zu tödten? Unter welchen fürchterlichen Gewiſſensmartern ſtarben dagegen die Ungerechten in den Zeiten, wo die chriſtliche Religion noch ihre größte Gewalt auf die Ge=

müther ausübte, und niemand die Lehren der
Priester von den Gluten der Hölle und des
Fegefeuers bezweifelte. Wo hören wir, seit
dem diese unsichtbare Zwangsmacht unwirksam
geworden ist, noch von solchen Todesqualen?
— Demnach bedeutet auch die Redensart:
„das Gewissen schläft," nichts anders, als:
wir halten die Möglichkeit einer Bestrafung
noch so entfernt, daß wir deshalb völlig sicher
sind.

[1] Was endlich die Religion betrifft, so
war auch sie, ihrem ältesten Ursprunge nach,
nichts anders als Furcht, Furcht vor den unsichtbaren Wesen, die man als die Schöpfer
der Natur, und als die Beweger der ungeheuren Kräfte ahnete, vor deren unverstandenen
Ausbrüchen man zitterte.- Neugier mußte den
rohen Menschen heftig treiben, etwas näheres
von diesen unsichtbaren Mächten zu erfahren;
und wie hätten nicht die Dichter, denen es
oblag, diesen Drang zu befriedigen, unter
allen Vorstellungen, die sich ihnen von dem

Wesen der Götter aufdrangen, diejenige beson=
ders herausheben sollen, die ihnen die einfluß=
reichste auf das Verhalten ihrer wilden Kame=
raden scheinen mußte, die von der Richterwürde
und Gerechtigkeit der Götter? Die Griechen
zwar fielen auf diesen Kunstgriff am spätesten.
Nur für gewisse Arten von Verbrechen erfan=
nen sie göttliche Strafen, z. B. für die Ver=
letzung des Gastrechts; eine Idee, auf welche
ein wandernder Sänger allerdings zuerst kom=
men mußte. Was sie im Uebrigen von der
Liebe der Götter zu den Guten sangen, mochte
wohl wenig fruchten, nachdem sie es einmal
damit versehen hatten, daß sie in der Absicht,
ihre Zuhörer angenehm zu unterhalten, allmä=
lig eine ganze scandalöse Chronik des Olymps
zusammengesetzt hatten. Weit besonnener
und planmäßiger müssen in diesem Puncte
die ägyptischen Priester zu Werke gegangen
seyn, da der Gott der Juden, unstreitig eine
Copie aus den ägyptischen Mysterien, einen
so ernsten und völlkommenen Despotencha=

rakter trägt. Wer zweifelt daran, daß die
Furcht vor diesem unerbittlichen Jehova zu
einer Zeit, wo die Gesetzgebung und die bürgerliche Policey noch so sehr in ihrer Kindheit
war, die Stelle der schönsten Disciplin bey
den Israeliten vertreten habe?

Als aber nach und nach die wachsende Cul-
tur und besonders der Einfluß griechischer Philosophie in den ägyptischen Juden die crassen
Vorstellungen des mosaischen theokratischen
Systems so weit gemildert hatte, daß endlich
in des göttlichen Jesus Haupte die schönste aller
poetischen Ideen, die von einem allgütigen
und allweisen Vater aller Menschen, entstehen
konnte: da erst sah man die Religion in ihrer
ganzen Schönheit vom Himmel niedersteigen;
und wiewohl der große Gedanke in der ganzen
Reinheit, in der ihn das Gemüth des Erfinders aufgefaßt hätte, vielleicht schon mit Jo-
hannes Tode von der Erde wieder verschwand
(denn schon Paulus brachte viel Sauerteig da-
zwischen): so verdankte doch die Welt seitdem

der Religion nicht bloß in policeylicher Hinsicht ein außerordentliches Band, sondern auch
eine Fülle der wunderbarsten und beglückend-
sten Empfindungen. Dem Gemeinen war und
blieb sie Furcht vor dem Allgegenwärtigen und
dessen verheißenem gerechten Weltgericht, dem
Edleren hielt sie eine reine poetische Welt mitten
in der unreinen wirklichen vor, in die er flüch-
ten konnte, wenn die letztere ihn mit Ueber-
druß und Schmerz erfüllte. Betrachten wir
den Zustand von Europa vom ersten bis zum
achtzehnten Jahrhundert, zuerst die Erpressun-
gen römischer Gewalthaber, dann das unaus-
sprechliche Elend, welches die Einwanderun-
gen der Barbaren und der Umsturz der römi-
schen Weltherrschaft mit sich führten, und hierauf die lange traurige Periode des Mittelalters, mit ihren unaufhörlichen Kriegen, ihren
Seuchen, ihren Hungersnöthen, ihren Räu-
bereyen und Empörungen, mit ihrem Mangel
an gesetzlicher und policeylicher Zucht, ihrer Un-
sicherheit und steten Lebensgefahr: betrachten

wir diese namenlose Maſſe bürgerlichen Elends,
ſo. können wir es uns wohl erklären, wie die
unglücklichen Dulder dieſes Elends mit der
ganzen Kraft. ihres Gemüths an einem Glau=
ben hangen konnten, der jetzt, da wir Gott=
lob in beſſern Verhältniſſen leben, uns immer
fremder und gleichgültiger werden muß. Ihm
zufolge. war dies Leben nur eine Prüfungs=
zeit; das wahre, eigentliche Leben ſollte erſt
jenſeits kommen. Auch das härteſte Geſchick
war Wohlthat des liebenden Vaters, war das
Werk der ewigen Weisheit, die uns nur jetzt
ihre Zwecke verborgen hielte, einſt aber ihre
Thaten aufs herrlichſte rechtfertigen würde.
Keine der hier geweinten Thränen ging auf
dem Acker Gottes verloren; je größer hier die
Noth, deſto größer ſollte dort die Freude ſeyn.

Noch jetzt iſt dieſer Glaube die Stütze
unzähliger Unglücklichen, und es iſt die
Frage, ob die Weisheit, die ihn zerſtört,
uns mehr beglücken könne. Soviel ſicht
man, daß er eine außerordentliche Kraft ge=

habt haben müſſe, auch mitten in den Gräu⸗
eln der allgemeinen Geſeßloſigkeit das kind⸗
liche Gemüth mit Stärke zur Vollbringung
der Pflicht zu waffnen und den Muth zum
Leben aufrecht zu erhalten, und daß er mit⸗
hin einſt unter den Hülfsmitteln zur Sitt⸗
lichkeit einen der erſten Pläße eingenommen
habe. Ob der Erzieher noch jetzt von der
Religion Gebrauch machen ſolle? — Wenn
er ſelber keine hat, ums Himmels willen
nicht. Wird er aber ſelbſt noch von ihr
durchglüht, ſo wird er aus dieſem Buche
keinen Rath begehren.

––––––––

So zahlreich alſo ſind die Triebfedern,
welche den Menſchen gegeben ſind, um ſie zu
einer möglichſt allgemeinen Moralität, d. i.
Socialität, hinzuführen; und ihnen allein
iſt es zuzuſchreiben, daß trotz der Selten⸗
heit der wahren Tugend doch die Summe

des einzelnen Guten, welches täglich geschiehet, die des Bösen unendlich übersteigt.

II.

Wie soll man moralische Handlungen beurtheilen?

Bey dieser großen Verschiedenheit der Triebfedern, welche rechtliche Handlungen hervorbringen können, wird es freilich dem Beurtheiler, ja selbst dem Thäter einer Handlung oft unmöglich werden, den Antheil zu bestimmen, den eine oder mehrere dieser Triebfedern daran gehabt haben. Der wirklich Tugendhafte wird so fern davon seyn, den Einfluß egoistischer Triebfedern auf seine Handlungen zu leugnen, daß er sie vielmehr alle zusammen in sich vereinigt gestehen wird. Er ist sich bewußt, nicht aus Furchtsamkeit, nicht aus Gewohnheit, nicht aus Ehrgeiz, nicht aus Eigennutz gehandelt zu haben, sondern aus ffreyer Anerkennung der Nothwendigkeit, gerade so und nicht anders handeln zu können, und aus Liebe zu dem, was er für seinen Beruf als Mensch aner= kannt hat; aber er würde sich allerdings auch gefürchtet haben, schlechter zu handeln; es würde auch allerdings mit der Ehre, nach der er geizt, nicht haben bestehen können; selbst sein Eigennutz verlangte die That um des angenehmen Gefühls willen, das solche Thaten ihm gewähren; und endlich hat ihn allerdings auch die Gewohnheit fortgerissen, denn er kann es ja nun einmal nicht ändern, daß das Guthandeln ihm so geläufig gewor= den ist, wie einem Tänzer der schöne Gang. Ist also die Rede von einem Manne, dessen ganzer Charakter verräth, daß er die Tugend in sich aufgenommen habe, so wäre es un= verständig, von irgend einer seiner Hand= lungen zu sagen, sie könne doch wohl auch aus Furcht geschehen seyn, oder aus Ehr= geiz 2c. Sie ist aus der Harmonie seines

ganzen Wesens hervorgegangen. Ein Charakter von dieser Art ist Bayard, der in
der historischen Welt wenige seines Gleichen
hat. Fehler kann ein solcher nur aus man-
gelhafter Erkenntniß begehen, oder wenn er
allzuplötzlich überrascht worden ist.

Ob Tugendhaftigkeit der wahre innere
Charakter eines Menschen sey, kann nur
aus der festen Consequenz und aus der ruhigen Harmonie aller seiner Handlungen geschlossen werden. Haben wir keine hinrei-
chenden Gründe, jemanden diesen Charakter
zuzuschreiben, und sehen wir ihn öfter
Handlungen verrichten, die mit einer festen
Ueberzeugung von der innern Nothwendigkeit der Moralität nicht vereinbar sind: so
können wir dreist urtheilen, daß auch das
Gute, welches wir an ihm sehen, keinesweges aus der reinsten Quelle fließe. Im
besten Falle kommt es alsdann aus einem
guten Herzen; allein dieses ist nur wirksam,
wenn nicht stärkere Triebe vorwalten. Thut

ein solcher · eine gute Handlung, die nicht
aus dem guten Herzen oder einer gewissen
Angewohnheit zu erklären ist: so muß man
nach derjenigen Triebfeder fragen, ·die in
den meisten Fällen seiner Willen bestimmt,
sey es Ehrgeiz, oder Habsucht, oder Furcht,
oder Wollust; und da wird es in der Regel
nicht schwer seyn; die benannte Handlung
mit jener Triebfeder in einen sehr begreifli=
chen Zusammenhang zu bringen, ohne daß
man Gefahr läuft, der Person unrecht zu
thun. Denn ist nur das entschieden, daß
Tugendhaftigkeit der sichere, bewährte Cha=
rakter dieser Person nicht ist: so fließen alle ih=
re Handlungen aus dem Egoismus, und sind,
menschlich zu reden, durchaus ohne innern
Werth, mögen sie auch so edel maskirt seyn,
als sie wollen. Es giebt nur diese zwey
Hauptcharaktern, rein moralische und egos
istische.

Ob man auch von religiösen Charakteren
sprechen könne, ist eine schwierige Frage.

8 *

So viel ich davon einsehe, muß ich sie verneinen. Die poetische Begeisterung, die das
Wesen der Religion ausmacht, und vermöge
welcher man sich der seligen Verwandtschaft
mit dem Vater der Liebe innig bewußt ist, diese
Begeisterung verträgt sich gleich bequem mit
moralischen und egoistischen Gesinnungen,
und wie sie die sittlichen Handlungen mit
einem schöneren Lichte verklärt, so autorisirt
und entschuldigt sie die sinnlichen. Die
Wiedertäufer hielten sich vermöge ihrer
Gnade vor Gott zu allen sinnlichen Genüssen
berechtigt, und die Mystiker sagen selbst,
daß, wenn nur alles mit Religion geschehe,
auch die Verirrungen des schwachen Fleisches
dem Geiste nicht zugerechnet werden könnten.
Welch eine Menge egoistischer Begierden
amalgamirten sich nicht von jeher mit dem
Religionseifer! Wie Luther von der Religion die schönste Kraft zur Unternehmung seines großen Werkes hernahm, so kommt zugleich der unbeugsame Eigensinn, der keinen

Widerspruch dulden. konnte, auf ihre Rech-
nung. Er schien der Gottheit seine, eigene
Denkart unterzulegen, um diese desto zuver-
sichtlicher der ganzen Welt aufdringen zu
können. Und dies scheint bey allen Gottes-
männern seiner Art der Fall gewesen zu seyn,
so daß es als der höchste Grad der Religiosität angenommen werden kann, zu glauben,
daß jeder Gedanke, den das Herz billigt,
eine unmittelbare Eingebung Gottes sey.
Ist dies wirklich so, so folgt daraus, daß
die Religion nur solchen Charakteren die
höchste moralische Vollendung gebe, die schon
vorher auf einem andern Wege die Nothwendigkeit des Sittengesetzes in ihrer ganzen
Klarheit aufgefaßt hatten. Demnach hätte
man bey der Beurtheilung religiöser Menschen erst zu fragen: wie weit reichte
die Bildung ihres Verstandes? Welche kla-
re Begriffe hatten sie von Gott und den
menschlichen Verhältnissen? Ist ein auf
deutlichen Ideen beruhender moralischer Cha-

rakter in ihnen vorauszusetzen? Oder han:
delten sie bloß nach egoistischen Trieben?
Ist Herrschsucht ein hervorstechender Zug ih:
res Charakters? — Wo sich die: beiden
letzten Fälle finden, da kann zwar die Euer:
gie des Geistes, verbunden mit der Allge:
walt der Religion, viel Großes und Gutes
gewirkt haben, aber von wahrer Moralität
kann doch nie die Rede seyn. Ja aus der
Geschichte der Schwärmer ließen sich Belege
zu der Wahrheit finden, daß man der las
sterhafteste und der religiöseste Mensch zugleich
seyn könne.

Um also den idealischen Charakter Jesu
begreifen zu können, muß man nothwendig
annehmen, daß er schon vorher, ehe sich
die Idee, als sey er von Gott selbst zum
Zeugen der Wahrheit und zum Heilande der
Welt berufen, in ihm festsetzte, durch tiefes
Studium und durch lange aufmerksame Be:
trachtung des politischen Elends seiner Na:
tion auf das Moralsystem gefallen sey, das,

seiner Ueberzeugung nach, allem menschlichen
Elende überhaupt ein Ende machen müßte.
Wohl kann ich mir denken, wie er von
dem Augenblick an, da er in der Liebe
das allgemeine Gesetz aller Geister gefunden
zu haben glaubte, nicht zufrieden, ein blos
ßes εὑρηκα zu rufen, sich als ein höheres
Werkzeug Gottes vorkommen mußte, das zu
dem wichtigsten Werke auf Erden berufen sey.
Da nun ein solches Werk von den heiligsten
Männern der Nation oft und lange vorher
verkündigt war, und einzelne Bezeichnungen
dessen, der es verrichten würde, auf Jesum
wirklich paßten: was Wunder, daß ein junger
Mann von lebhafter Phantasie, überrascht
von dem Entzücken einer die ganze Welt
interessirenden Entdeckung, jene Bezeichnungen auf sich deutete, und unter Martern
und Verspottungen von seiner ersten Aussage,
daß er der Sohn Gottes sey, nichts zu-
rücknahm? Nur in einem Gemüth, das
die Liebe zu seinem Prinzip erkohren, und

allen Egoismus rein ausgerottet hatte, konn=
te solch ein Glaube ohne Hochmuth und
Herrschsucht wohnen. Eben an dieser ruhi=
gen, bescheidenen Fassung erkenne ich den
auf den deutlichsten Ideen ruhenden, rein
moralischen Charakter dieses größten aller
Menschen; und wenn gleich die Religiosität
die Glorie um sein Haupt vollendet, so bin
ich doch gewiß, daß er auch ohne Religion
ein vollkommen moralischer Charakter gewe=
sen seyn würde. Ueber die scheinbaren Ano=
malien in diesem Charakter werde ich bey
einer andern Gelegenheit sprechen.

12.

Wer ist ein Weiser?

Wenn die Tugend in der vollkommensten
Richtung des Willens auf das Wohl der
menschlichen Gesellschaft besteht, so kann der

Tugendhafte nur ·Pflichten· gegen seinen
Nächsten haben. ·Wie er sich selbst behan-
dein will, muß ihm·billig allein überlaſſen
bleiben, und die Geſellſchaft kann ihn dafür
nicht zur Verantwortung ziehen, ·wenn er
z. B. ein Verſchwender oder ein Spieler,
unordentlich in ſeinen eigenen Angelégenhei-
ten, oder ſonſt etwas ſeyn ·will, wodurch
er allein ſich ſelber ſchadet. Ueberzeugt er
die Welt nur von ſeiner Menſchenliebe und
ſeinem warmen Eifer für ·das· allgemeine
Beſte, ſo wird ihm der Name eines Tugendhaften nicht verſagt ·werden können.
Geſetzt, es machte ihm Vergnügen, ***
oder gar **** zu treiben, wer darf ſich
unterſtehen, ·ſeinen moraliſchen· Charakter
deshalb anzutaſten? Kann ·er einen Wicht finden, der verächtlich genug iſt, um ſich ·zu
einem ſo ekelhaften Spiele herzugeben: wem
wird dadurch ·geſchadet? Die· verehrungs-
würdigſten Männer des Alterthums erlaubten ſich dieſe Unfläterey, und· wie widrig

und empörend man auch dieselbe an ihnen
finden mag, so kann man doch nicht eigent=
lich sagen, daß sie dadurch verhindert wor=
den seyen, ihre Pflichten gegen den Staat
und ihre Mitbürger gewissenhaft zu erfül=
len. Eben so wenig ist einzusehen, wie
man dem Selbstmorde von Seiten der Mo=
ral etwas anhaben kann. Bin ich geboren,
um in der Befriedigung meiner Neigungen
und in der Uebung meiner Kräfte mein
Glück, und in der Theilnahme am Bau
der moralischen Welt meine Beschäftigung
zu finden: wie könnte mein Zurücktreten
von der letztern noch besonders strafbar seyn,
da ich ja dadurch zugleich meinem eigenen
Glück entsage?

Nach diesen Ideen verfährt man ja auch
einzig, wenn man z. B. jemanden vom
Selbstmorde zurückhalten will. Man stellt
ihm nicht den Nachtheil vor, den die Ge=
sellschaft davon haben werde, sondern den
Vortheil, den seine Erhaltung ihm selber

gewähren könne, die Möglichkeit eines bessern Schicksals 2c. Auch dem Begeher geheimer Sünden zeigt man nicht die bösen Folgen seiner Unzucht für Andere, sondern für ihn selbst, die Zerrüttung seiner Gesundheit, die Schwächung seiner Geisteskräfte, den Verlust seiner blühenden Gesichtsfarbe, die Verachtung aller, die ihn kennen 2c. Auf gleiche Weise legt man jungen Leuten nicht die **Pflicht**, sondern die **Vortheile** der Sparsamkeit, des Fleißes; der Mäßigkeit, der Ordnungsliebe, der Reinlichkeit, der Sorge für die Gesundheit 2c. ans Herz.

„So gäbe es also gar keine Pflichten gegen uns selbst?"

Dem Bishergesagten zufolge, nein.

„Aber könnte denn nicht die Mäßigkeit z. B., insofern sie uns fähig macht, der Gesellschaft durch größere Thätigkeit nützlicher zu seyn, wenigstens als eine Hülfstugend betrachtet werden?"

O ja; ich habe mich oben selbst dieses Ausdrucks bedient. Aber wer wird den Grund eines Verfahrens so weit herholen, wenn ein weit näherer zur Hand ist? Das ist nicht anders, als wenn man für solche, die im Finstern ausgehen müssen, eine Pflicht aufstellen wollte, Laternen mitzunehmen, weil den Begegnenden damit ein Gefallen geschähe. Wem die Nothwendigkeit nicht einleuchtet, um sein selbst willen mäßig zu seyn, wie wollte man ihm begreiflich machen, daß er es für Andere seyn müsse?

„Aber wohin willst du denn nun mit diesen Tugenden, wenn sie nicht in die Moral gehören?"

Erinnerst du dich nicht dessen, was ich oben von der zwiefachen Bestimmung des Menschen gesagt habe? einer für sich selbst, und einer für das Ganze? Giebt ihm nun die Moral eine Anweisung, die letztere zu erreichen, wie werden wir die Wissenschaft zu nennen haben, die ihn auf die Erreichung der ersten führt?

„Ach, ich verstehe. Es kommt hier auf die Erfindung der besten Mittel an, seinen wahren Vortheil zu sichern: Klugheits- lehre wird diese Wissenschaft heißen.‟

Ganz recht. Ihr Object ist also ganz eigentlich das, was ehemals durch die Mo- ral verwirklicht werden sollte, eigene Glück- seligkeit. Wer ihr in allen Stücken folgt, ist ein kluger; wer der Sittenlehre folgt, ein tugendhafter Mann. Beides zusammen vereinigt giebt den Weisen. So daß also dem Klugen zur Weisheit noch die Tugend fehlt, und dem Tugendhaften die Klugheit. Weisheit und Tugend ist demnach eine unschickliche Art zu sprechen, denn die Tugend ist ein Theil der Weisheit. Wie erschöpfend übrigens dieser Begriff des Wei- sen sey, wird man finden, wenn man damit jeden historischen oder erdichteten Charakter;

dem wir dies Prädicat zugestehen, z. B. Leſ
ſings Nathan, vergleichen will.

13.

Welches iſt das Verhältniß der Politik zur Moral?

Moralität würde gar nicht möglich ſeyn,
wenn nicht die Mehrheit der Bürger eines
Staats den Frieden ſuchte, und ſich alle die
äußeren Zwangsmittel gefallen ließen, die dieſ
ſen Frieden allein noch erhalten. Nehmet
einem Staate ſeinen Regenten, ſeine Juſtiz,
ſeine Polizey und Garniſon, löſet auf ſolche
Weiſe alle ſeine äußern Bande auf, und eine
Scene, wie die der Zerſtörung von Magdeſ
burg, oder wie die bekannten Mordſcenen in
Rom und Paris, wird ihren Aufang nehmen.
Auch der gütigſte Menſchenfreund wird die
Waffen anlegen und ſein Haus verſchließen,
und weil er im Guten ſein Recht nicht erhalt

ten kann, wird er das, was er zu fordern
hat, mit dem Degen ertrotzen müssen. Wenn
niemand Recht·thut, denkt er, warum soll
ichs denn thun? Liebe, Vertrauen, Mit:
leid' hat hier gar keinen Platz, denn mit mir
hat keiner Mitleid, mir vertraut keiner, son:
dern wer mich sicht, feindet mich an. Wie
sollte mir in dieser Lage noch etwas anders
übrig seyn, als Gewalt und List? Wo ich
keine Gemeinheit sehe, die mir die Sicherheit
meines Lebens verbürgt, da muß ich mein eig:
ner Staat, meine eigener Richter und Beschü:
tzer seyn. Nun bin ich wieder Raubthier,
und Selbsterhaltung ist mein nächster Zweck.
Falle was da falle! Je furchtbarer ich mich
durch meine Wuth mache, desto sichrer werde
ich stehen, bis mich etwa ein noch Stärkerer
übermannt.

Dies sind die Maximen bedrängter Men:
schen in allen anarchischen, revolutionären Pe:
rioden der Geschichte gewesen, und hieraus
geht klar hervor, daß nur unter dem Schutze

äußerer Gesetze,, also in einem Staate, Moralität möglich seyn kann, und daß die größere Moralität auch immer in dem besser regierten Staate Statt finden werde. Hier nämlich sieht; der rechtschaffene Mann vertrauenvoller zu der Regierung auf, von der er weiß, daß sie sein Verfahren billigen und seine Forderungen unterstützen werde. Ein solcher Rückenhalt macht ihm Muth, seine Bürgerpflichten an seinem Theile redlich zu erfüllen; er verläßt sich jetzt nicht mehr auf sein inneres Recht allein, sondern auch auf die äußere Gerechtigkeit, die ihn dabey schützen werde. Im äußersten Falle weiß er, daß der Staat Schiedsrichter zwischen ihm und seinen Feinden seyn werde, und dies erhält ihn ruhig und seiner Pflicht getreu.

Aber worauf soll der Fürst fußen, der sich mit seinem Nachbar im Streite befindet? Wer soll ihren Zwist entscheiden? Nur die Gewalt kann es, und wessen Kanonen die fürchterlichste Verheerung anrichten, der gewinnt den Pro=

zeß und erreicht seinen Zweck. Wie der Krieg
alle Schranken äußerer Ordnung niederreißt,
so hebt er auch alle moralischen Verhältnisse
zwischen zweyen Völkern auf: Raubthier kämpft
gegen Raubthier, die Vernunft verschwindet,
und Gewalt und List treten an ihre Stelle.
Machiavelli ist hier an seinem Platze, und
sein Grundsatz, ein rechter Fürst müsse nach
den Umständen bald Löwe bald Fuchs seyn können, ist nun mehr werth, als alle Lehren der
Moralisten. Es ist wahr, unser moralisches
Gefühl empört sich bey der Politik eines Fer-
dinand von Spanien, eines Ludwig XI., eines
Karl V. Allein wenn man bedenkt, daß diese
Männer es auf sich genommen hatten, aus
ungeheuren anarchischen Verwirrungen feste
Monarchien zu bilden, und die Gewalt eines
unbändigen Adels zu vernichten; daß sie dabey noch Kriege mit mächtigen Nachbarn zu
führen hatten, und daß sie gewöhnlich so arm
an Gelde waren, und mit so mühsam zusam-
mengelesenen und so schlecht disciplinirten Trup-

pen ihre Siege erfechten mußten: so kann man
nicht umhin, ihnen jedes Mittel durchgehen
zu lassen, das man beym Thiergefecht einem
Sklaven zugestehen würde, der es mit einer
ganzen Rotte reißender Thiere aufnehmen sollte.
Oder hätte man lieber rathen mögen, die jetzt
so schön vereinigten Staaten der Anarchie,
den Bürgerkriegen, der Tyranney der adeligen
Räuber zu überlassen? Würde man es wei=
ser finden, wenn ein Ludwig XI. oder Franz I.
sich des schönsten Theils ihrer Macht freywil=
lig begeben hätten, um das in der Gefangen=
schaft gegebene Wort zu halten? Ihre Feinde
selber würden sie dafür Narren gescholten ha=
ben, wohl wissend, daß sie selbst in diesem
Falle ganz anders gehandelt hätten.

„Aber, sagt man vielleicht, aus diesem
Gesichtspuncte betrachtete man doch in jenen
Zeiten selbst nicht allgemein die Thaten der
Politik. Rechtschaffene Männer wurden schon
damals durch die Treulosigkeit der Könige em=
pört, und Karl V. nannte selber öffentlich sei=

nen Gegner einen ehrlofen Monarchen; weil
er fein königliches Wort gebrochen habe."

„Hierauf läßt fich antworten: Wenn recht-
fchaffene Männer fich an der treulofen Politik
der Großen ärgerten, fo war das eine natürliche Wirkung ihres moralifchen Gefühls, aber
auch zugleich ihrer großen Befchränktheit. Sie
wollten mit ihrem kleinen bürgerlichen Maaß-
ftabe Handlungen meffen, die für diefen Maaß-
ftab gar nicht gehörten. Karl V. endlich konnte gar nichts befferes thun, als durch fein Ge-
fchrey den großen Haufen gegen Franz I. auf-
wiegeln; obgleich er felber die nämliche Politik fchon früher mit gleichem Glücke gegen ihn
angewandt hatte, und in jedem ähnlichen Falle
kein Bedenken getragen haben würde, fie noch
taufendmal anzuwenden.

„Doch findet man, daß in neuern Zeiten
die Häupter der Staaten nicht mehr fo offenbar nichtswürdige Kunftgriffe gegen einander
gebrauchen."

Das ift der neueften Gefchichte nicht ganz

9 *

gemäß! Indessen muß man auch bedenken, daß die jetzige Kriegskunst und die vollkommnere militärische Verfassung der Staaten der Moralität eines Feindes nicht mehr einen so weiten Spielraum lassen, als ehemals. Jetzt würde man keinem Fürsten mehr auf sein bloßes Wort, gewisse Provinzen abzutreten, Frieden bewilligen. Man besetzt diese Provinzen erst vollständig, ehe vom Frieden die Rede ist. Da ferner die Kriege immer kostbarer werden, und ein König, der einen sehr getrennten Staat zu regieren, und vielerley Rücksichten zu nehmen hat, weit mehr als ein Regent des Mittelalters auf das Spiel setzt, wenn er einen Krieg anfängt: so kann es jetzt nicht so leicht mehr vorkommen, daß ein unlängst erst hart mitgenommener Staat gleich nach geschlossenem Frieden sich durch eine neue Treulosigkeit den kaum gewichenen Feind noch einmal auf den Hals laden sollte. Im Mittelalter, wo die Kriege mehr planlose Balgereyen ohne besondere Folgen waren, wo die Heere nach Ablauf

des Sommers wieder entlassen, und wenn
man so viel Geld übrig hatte, im nächsten Som=
mer wieder mühsam zusammen geworben wur=
den, ging das wohl an. Je größer und fe=
ster hingegen die Staaten werden, desto selte=
ner, aber auch desto fürchterlicher werden die
Kriege seyn; denn nun rüstet man sich um
nichts Kleineres mehr, als um die Zertrüm=
merung oder Verschlingung anderer Staaten.
Die Mächtigern verbinden sich zur Vernichtung
der Schwächeren, und die Kreise ziehen sich
immer größer. – Die Furcht gebietet hier allein,
sie macht auch, wo es Noth thut, die Regen=
ten moralisch. Aber das kann nicht die Moral
der Liebe, sondern einzig die der Klugheit seyn.
Eine Sittenlehre, wie sie für den Bürger ex=
istirt, ist für die Könige nicht vorhanden; für
sie ist nur die Klugheitslehre da, und Machia=
velli's klassisches Buch wird ihr ewiger Codex
seyn, ein Werk, von welchem ein neuerer
Schriftsteller trefflich bemerkt, daß Friedrich
der Große es durch eine Schrift widerlegt,

aber, durch sein ganzes Leben beſtätigt
habe.

Die volle Moralität kann erſt da wirken,
wo alle geſelligen Verhältniſſe auf das zweck=
mäßigſte beſtimmt ſind. Wo man erſt beſſere
Verhältniſſe ſchaffen muß, wird es ohne Im=
moralitäten mancher Art ſchlechterdings nicht
abgehen können. Angenommen, daß Moſes
wirklich ſeine politiſchen Ideen nicht für gött=
liche Eingebungen gehalten habe, und ſich deſ=
ſen mit voller Klarheit bewußt geweſen ſey,
daß er das Volk durch ſeine Blendwerke, ſeine
vorgeblichen Geſpräche mit Jehoven ꝛc. offen=
bar betrüge: wer möchte wohl dieſen Fall der
Sittenlehre zur Entſcheidung geben? Er ge=
hört offenbar in die Klugheitslehre, eben aus
dem öft angeführten Grunde, weil die Moral
da noch gar nicht Fuß faſſen kann, wo erſt
äußere geſellige Verhältniſſe geſchaffen werden
ſollen. Man gebe doch ein anderes Mittel an,
wie Moſes ſeinen erhabenen, trefflich durch=
dachten, höchſt wohlthätigen und gemeinnü=

tzigen Zweck hätte. erreichen sollen! Ich fordere
alle Moralisten dazu auf! Sie können es
nicht? Gut, so gestehen sie denn, daß es
allerdings Handlungen giebt, die außerhalb
ihres Gebietes liegen. Und sollten sie dazu
dennoch die Köpfe schütteln, so will ich ihnen
eine Autorität anführen, die zwar dazu bisher
noch nicht gebraucht, sonst aber noch von keinem Moralisten in der Welt verworfen worden ist.

Als der Stifter des Christenthums irgendwo in der Einsamkeit, vielleicht in den ägyptischen Wüsten, über das große Werk, das er
unternehmen wollte, völlig mit sich eins geworden war, trat er, ganz unstreittg voll des
reinsten Enthusiasmus für das Gute, und voll
Abscheus gegen jeden nichtswürdigen Betrug,
die Reise in sein Vaterland an. Aus Anhäng-
lichkeit an seine Vaterstadt wollte er in dieser
zuerst sein Werk versuchen; aber wie schlecht
belohnte sich dieser Anfang! Kein Mensch
konnte begreifen, was dem Zimmermannssohne

eingefallen: sey, den jedermann noch als Kind
gekannt hatte, dessen Eltern und Geschwister
ganz gemeine Leute waren, und der sich nun
für einen Gesandten des wahren Gottes aus;
geben wollte. Erst lachte man ihn vermuth;
lich aus, nachher warf man mit Steinen nach
ihm, und nöthigte ihm die bekannte Bemer;
kung ab, daß ein Prophet nirgends weniger
als in seinem Vaterlande gelte. *)   An an;
dern Orten ging es ihm nicht viel besser, und
obgleich seine Worte selbst in den Ohren ge;
meiner Menschen einen wunderbaren Nach;
druck hatten, so würde er doch mit seinen blos
ßen Predigten wenig ausgerichtet haben, wenn
er sich nicht hätte entschließen können, dem
Volke das zu geben, was es mehr als alles
übrige von einem Messias erwartete, Wunder;
werke. Daß er dergleichen gethan habe (auch
wenn viele von denen, welche uns die Evan;
gelisten erzählen, erdichtet oder wenigstens ent-

---

*) Luc. 4, 16—30.

ſtellt und vergrößert ſeyn ſollten), iſt gar kei⸗
nem Zweifel unterworfen; ich meine nämlich,
daß er nicht bloß natürliche Curen verrichtet,
ſondern dies mit der Affectation gethan habe
als geſchehe es durch übermenſchliche Kraft;.
ja daß er mitunter auch manches magiſche
Kunſtſtückchen, das vielleicht herzlich einfach
war, nicht verſchmäht habe, um ſich vor dem
Pöbel (denn den Phariſäern entwiſchte er ſchlau
genug *)) das erforderliche Anſehen zu geben.
Und wenn man ſich ein ſchlaues Accommodiren
mit einem ſo heiligen Charakter gar nicht ver⸗
einbar denken kann, was will man denn zu
den handgreiflichen Sophiſtereyen ſagen, zu
denen er zuweilen ſeine Zuflucht nahm, wenn
er kein ſchnelleres Mitte finden konnte, die
läſtigen Frager zum Schweigen zu bringen?
Man ſehe die eiende, aber für ſein Publikum
wohl berechnete Antwort auf die Frage, wie
er denn ſeine eigene Göttlichkeit rechtfertigen

---

*) Matth. 12, 38.

könne. Joh. 10, 34. Kann ferner ein so vernünftiger Mann wohl im Ernst das für einen gültigen Beweis für die Unsterblichkeit
der Seele und für das Nichtabstammen des
Messias vom David gehalten haben, was er
als solchen den stupiden Schriftklaubern nach
Matth. 22, 31. und 43. hinwarf? Was war
das anders als Accommodation, d. h. Politik ohne Rücksicht auf Sittlichkeit?

Aber soll man ihn darum einen Betrüger
nennen? Der sonst so treffliche Menschenken-
ner Göthe mag sehen, wie er sein hartes
Urtheil über diesen Charakter vor dem Genius der Geschichte verantworten will. *)
Wer über die Gränzen der Moral mit dem,
was ich oben darüber gesagt habe, einver-
standen ist, bey dem wird jener große Charakter an Würde nichts verlieren, und wenn
es auch ganz ausgemacht wäre, daß er aller-

---

*) Göthe's neue Schriften, Th. VII. S. 283.

dings zuweilen nothgedrungen den Gaukler hätte machen müssen. Was in aller Welt sollte er denn anfangen, wenn einmal ohne diese Prophetenmaske bey dem wundersüchtigen Volke durchaus kein Vertrauen zu gewinnen war? Hätte man lieber gewollt, daß er sein großes Werk aufgegeben hätte, und nach dem schlechten Debüt in Nazareth auf ewig verstummt wäre? Möchte man lieber den ganzen, gar nicht zu berechnenden Segen, den das Christenthum 1800 Jahre lang gewirkt hat, aus der Geschichte wegwünschen, wenn er ohne jene armseligen politischen Kunstgriffe nicht hervorgebracht werden könnte? Nein, seinem göttlichen Vater sey Dank, daß er selbst über diese moralische Kleingeisterey erhaben war, die man ihm jetzt so gern andichten möchte, um seinen guten Namen bey ehrlichen Bürgersleuten zu retten. Wer zum Weltreformator berufen ist, muß die höchste Ansicht des Lebens zu fassen wissen, und wie noch kein Vernünftiger den großen Friedrich einen Mörder geschimpft hat, ungeachtet durch ihn mehr Menschen getödtet worden sind, als durch zehntausend Banditen: so wird man auch wissen, was von der Einsicht derer zu halten ist, die um der kleinlichen Mittel willen, die Jesus zur Erreichung seines großen Zwecks brauchen mußte, diesen Herren der Menschheit einen Betrüger schelten können. Wer überhaupt keinen höheren Maaßstab für das Verdienst dieses Mannes hat, als den der gemeinen bürgerlichen Rechtlichkeit, der kennt ihn nur zum kleinsten Theile, und hat keine Befugniß, über seine Größe zu urtheilen. Aber auch wenn dieser Maaßstab gelten soll, so erscheint er vor jedem billigen Richter schon durch sein wiederholtes Geständniß, wie verhaßt ihm der Glaube um der Wunder willen gewesen sey, vollkommen gerechtfertigt.

Nichts hat überhaupt (um dies hier beyläufig mitzunehmen) der richtigen historischen Ansicht des großen politischen Charakters Jesu

mehr Schaden gethan, als die Glorie von idea-
lischer Heiligkeit, welche unsere Homileten und
Mystiker um ihn gezogen haben. Aus ihren
Abschilderungen ist allmälig die Vorstellung
von ihm erwachsen und herrschend geworden,
als ob er die Güte, die Liebe, die Sanftmuth
und Gottergebenheit selbst gewesen wäre. Besonders hat die rührende Katastrophe seiner
Lebensgeschichte die Farben zu diesem Gemälde
hergeben müssen, und da die Volksredner einmal darauf angewiesen waren, seinen Charakter als Muster der Nachahmung auch für den
niedrigsten ihrer Zuhörer anzupreisen, so konnten sie nichts besseres thun, als nur die Züge
aus demselben herausheben, die ihn als Helfer,
der Menschheit und als gefaßten, gottergebe-
nen Dulder auszeichnen. Auch die Künstler,
die sich beeifert haben, ein idealisches Bild von
ihm aufzustellen, haben uns an eine Physiogno-
mie gewöhnt, welche heitere Ruhe, Milde,
und die reinste Güte ausdrückt. Lieset man
gar die salbungsreichen Chrien und Kirchenge-

sänge gewisser pietistischen Schulen, so wird
man vollends geneigt, sich ihn als den zärtlich=
sten, in brünstiger Liebe zerfließenden Bräuti=
gam seiner durch ihn erlöseten vielgeliebten
Braut, der christlichen Kirche, herzend und
küssend, schmachtend und liebäugelnd zu den=
ken, eine Vorstellung, die einem mystischen
Gemüthe vielleicht sehr erbaulich seyn mag,
aber des ernsten, nüchternen Historikers durch=
aus unwürdig ist.

Gerade das Gegentheil von jener süßen,
weichen Empfindeley: die festeste, männ=
lichste Geistesstärke, verbunden mit der höch=
sten Klarheit, Besonnenheit und Geistesgegen=
wart, macht den Grundstoff dieses herrlichen
Charakters aus. Man denkt ihn sich weit
richtiger, wenn man sich ihn mit dem kräfti=
gen, durchbohrenden Blick und dem kühnen,
entschlossenen Feuereifer Luthers vorstellt, als
wenn man von einem sanftblickenden rafaeli=
schen Christuskopfe ausgeht. Seine Worte:
„ich bin nicht gekommen, den Frieden zu brin=

gen, sondern das Schwerdt," gehen keines
weges allein auf die nach seinem Tode erfolg-
ten Revolutionen; sie drücken schon den Geist
seiner eigenen Unternehmung aus. Bildete er
nicht die stärkste Opposition gegen die Priester-
schaft? Nahm er nicht den Triumph an, den
ihm das Volk verschaffte, als es ihn, allen
Priestern zum Hohn, unter lautem Jubel in
die Stadt führte, und seinem Esel Palmen-
blätter unterstreute? War das nicht eine ächt
lutherschse Handlung, als er die Taubenkasten
und Wechseltische der Krämer im Tempel um-
stürzte? Und die donnernde Philippica, die
er nach Matth. 23, 23 — 33. mit demostheni-
schem Feuereifer an die Pharisäer hielt, zeugt
die von einem stillen Gemüthe, das wie ein
sanfter Bach ewig rein und spiegelhell und
eben dahinfließt? Klingt es nach dem lieben,
süßen Heiland, wenn er eine Rede an das
Volk mit den Worten schließt: „Doch jene,
meine Feinde, die nicht wollten, daß ich über
sie herrschen sollte, bringet her, und erwürget

sie vor mir!" —? *) Und wie er zum
Herrscher geboren war, so wußte er auch seine
Autorität, die er dem Gewicht seiner Worte,
der Klugheit seiner Antworten und der Würde
seines Betragens zuerst verdankte, gehörigen
Orts durch nachdrückliche Züchtigungen der
Dummdreisten oder Spötter zu behaupten.
Man weiß, wie er selbst vor Gericht dem
plumpen Schergen seine Ungezogenheit nicht
ungestraft durchgehen ließ, **) wie er sogar
einen Menschen wegen eines von demselben er-
haltenen ihm mißfälligen Titels anfuhr, ***)
und wie derb er die abfertigte, die ihn mit
ungehörigen Zumuthungen behelligten. ****)
Solche Züge aus der Geschichte des han-
delnden Messias muß man aufsuchen, um
einen richtigen Begriff von ihm zu bekommen.

*) Luc. 19, 27.
**) Joh. 18, 23.
***) Matth. 19, 17.
****) Luc. 12, 14.

Seine Aeußerungen als Lehrer und Dulder
vollenden zwar das schöne Gemälde seines
großen Charakters, aber sie sind doch nur
bloße Dehors für den Geschichtschreiber, der
zuerst nach den Thaten des Mannes in
der Periode seines vollen, freyen Wirkens
fragt.

Moralisch können ferner alle diejenigen Bestrebungen nicht beurtheilt werden, die ein
Staat macht, um sich bessere Verhältnisse mit
Gewalt zu verschaffen. So gewiß jede Verletzung der Majestätsrechte höchst strafbar ist
in einem Staate, dessen Regierung den Be-
dürfnissen des Volks durch die weisesten Veran-
staltungen abzuhelfen sucht: so wenig können
doch die Forderungen der Sittenlehre noch an
solchen Unterthänen geltend gemacht werden,
die in der Gesellschaft durchaus nicht mehr
bestehen können. Hier tritt der Naturzustand
wieder ein; Gesetze sind nichts mehr, die geselligen Verhältnisse binden nicht mehr, die

Revolution mit allen ihren Gräueln ist da. Hier darf niemand mehr sagen: „Aber ihr hättet doch gehorchen, euch nicht an eurer Obrigkeit vergreifen sollen ꝛc.!" Und wer demnach untersuchen wollte, ob die französische Nation recht daran gethan habe, die alte Verfassung umzustürzen, der könnte eben so gut untersuchen, ob das Feuer recht daran thue, wenn es auch Häuser ergreife.

Hat ferner ein Staat innere Gebrechen, vor deren Wegschaffung er nie seinen einzelnen Gliedern alle Bequemlichkeit und Wohlfarth geben kann, die sie von der Gesellschaft verlangen können, so wird diese Wegschaffung, selbst wenn sie mit großer Härte verbunden seyn müßte, durchaus nicht unmoralisch zu nennen seyn, und der mildeste und gerechteste König darf sich darüber kein Gewissen machen. Ist es wirklich erweislich, daß gewisse fremdartige Corporationen in der Gesellschaft, z. B. Juden Zigeuner, dieser letztern eben das sind, was der Krebs dem menschlichen Körper ist, so dürfen solche ihr Schicksal durchaus nicht von der Moralität, sondern einzig von der Klug=heit der Regenten erwarten.

Erstes Hauptstück.
Die Klugheitslehre.

———

I.

Gebiet dieser Wissenschaft.

Nachdem wir die Glückseligkeit als das Object der Klugheitslehre angenommen haben, werden wir jetzt den Begriff derselben näher feststellen müssen, um daraus die Mittel entwickeln zu können, durch welche dieselbe zu erlangen sey.

Jeder fühlt, daß er dann glücklich seyn würde, wenn es ihm erlaubt wäre, alle seine Neigungen und Triebe zu befriedigen. Es

fragt sich also: wie vielerley Grundtriebe fin=
den sich in der menschlichen Natur, auf welche
sich die sämmtlichen Neigungen in uns grün=
den?

1. Als den stärksten aller thierischen Triebe
kündigt sich zuerst der Selbsterhaltungs=
trieb an. Dieser äußert sich bey den Thie=
ren bloß in einem steten Suchen nach Nahrung,
in einem neidischen Anfeinden derer, die eine
gleiche Nahrung suchen, und bey wenigen Ar=
ten derselben auch in einem Streben, Vorrath
zur künftigen Nahrung einzusammeln.   So
ungefähr finden wir ihn auch nur bey wildle=
benden Menschen, die nicht über den gegen=
wärtigen Tag hinausdenken, und bey der Ein=
fachheit ihrer Bedürfnisse auch nicht Ursache
haben, über die fernere Erhaltung ihrer Ex=
istenz sehr in Aengsten zu seyn.   Nur erst,
wenn die Menschen sich so eng zusammenge=
drängt sehen, daß sie zur Sicherung ihrer Er=
haltung schon früh Plane für ein ganzes Leben
entwerfen müssen, dann schärfen sich alle Kräf=

te, und der Selbsterhaltungstrieb nimmt eine vielfachere Gestalt an. Die Tausende von Menschen, durch die ich mich hindurchdrängen muß, machen mich mißtrauisch; jeder, der höher steht als ich, oder der mir eilig nach will, erregt meinen Neid; jeder Thaler, den ich mehr gewinne, jede keine Erhöhung meines Postens erfreut mich als eine Bürgschaft meiner wachsenden Sicherheit, und je unentbehrlicher ich mich den Menschen, oder je unabhängiger ich mich von ihnen mache, desto gewisser bin ich, mich bis ans Ende kühn zu behaupten. Jeder Schritt hingegen, den ich zurückthun muß, macht mir bange, weil er mir einen Theil des Gefühls meiner Sicherheit raubt, und jeder Vorzug, der einem Andern gegeben wird, kränkt mich, weil ich jedes Gut für mich verlange, dessen ich als Mensch theilhaftig werden kann. Hieraus fließen folgende Neigungen: 1) im Besitz aller physischen und geistigen Kräfte zu seyn, durch welche man in der Welt seine Existenz sichern kann, 2) reich zu seyn, und 3) allgemeiner Ehre und Achtung zu genießen.

2) Der zweyte, gleichfalls allen Thieren gemeine Trieb ist der der Geschlechtsliebe. Er ist nicht nur an sich der höchsten Veredelung fähig, sondern er erzeugt auch noch ein anderes, nicht weniger süßes Gefühl, das der Freundschaft. Der Mensch will gern vertrauen, und da für männliche Geschäfte und Sorgen mancher Art nicht jedem Weibe Sinn verliehen ist, so sehnt sich der Mann nach einer männlichen Brust, in die er die seine ausschütten könne. Selbst Thiere grämen sich, wenn ihnen ein alter Theilnehmer ihrer Gefangenschaft oder ihrer Arbeit entrissen wird.

3) Außer diesen finden sich im Menschen noch zwey wunderbare Triebe, die den Thieren gänzlich versagt sind, ein Trieb nach Wissenschaft, und

4) ein Sehnen, gewisse Zustände seines Innern, Ideen, Ahnungen, Gefühle, außer sich darzustellen, mit einem Worte, ein Kunst-

trieb.- Worauf beide beruhen, wird unten an seinem Orte gesagt werden.

Die Dinge, welche, uns vermöge dieser verschiedenen Triebe und Neigungen als wünschenswerth erscheinen, heißen Güter. Einzeln sind es folgende: Gesundheit, mit ihren Begleiterinnen Stärke, Gewandtheit und Schönheit, Reichthum, Ehre und Macht, Gemüthsruhe, Wissenschaft und Kunst, Liebe, Freundschaft. Je gebildeter ein Mensch ist, je mehreren dieser Güter jagt er nach, der rohere ist mit den gröbsten derselben zufrieden; auch der schwächliche, von Natur und Glück wenig begünstigte Mensch schränkt sich willig auf wenige ein. Da uns übrigens unsere eigenen Neigungen zu jenen Gütern hinziehen, so kann die Klugheitslehre, die uns bloß die leichtesten und vortheilhaftesten Mittel, sie zu erlangen, angeben soll, auch keine Pflichten, wie die Sittenlehre, enthalten, sondern nur Anweisungen und Rathschläge ertheilen, deren Vernachlässigung sich allemal an dem Ungehorsa-

men-selber rächt. Bekanntlich ist für die unzähligen Menschen, für welche gar keine Moral vorhanden ist, die Klugheitslehre die einzige Gesetzgeberinn, die sie respectiren, und
wirklich kann auch ein sehr regelmäßig und
vollständig ausgeführtes Gebäude dieser Wissenschaft beynahe so gut die Stelle der Moral
vertreten, daß es kein Wunder ist, wie Epikur
und Helvetius aus der Moral selbst eine bloße
Klugheitslehre haben machen können. Ja da
unsere Gesetzgebung ganz auf moralische Prin-
zipien gegründet ist, und der Kluge vor allen
Dingen die Rache der Gesetze vermeiden muß:
so wird er schon dadurch gezwungen, in seinen
Bestrebungen das Gebiet der Sittenlehre nicht
zu verletzen. Auch wenn er die Ehre und
Liebe der Menschen, die doch auch zu seinen
wünschenswerthen Gütern gehören, auf dem
rechten Wege sucht, so wird ihn schon die bloße
Klugheit auf das Prinzip des rechtschaffenen
und des guten Menschen führen. Ist endlich
jemand so beschränkt oder so gefühllos, daß

unſre oben erwähnte erhabene Anſicht des Menſchengeſchlechts und ſeiner Beſtimmung ihn gar nicht rührt: ſo kann man ihn geradehin zu keiner andern Moralität verpflichten, als zu der, die aus der Klugheitslehre fließt; und für ſolche wird das Syſtem des Helvetius das allerfruchtbarſte und überzeugendſte ſeyn.

Bey der Abhandlung unſerer Wiſſenſchaft werden wir keinen beſſern Gang einſchlagen können, als den uns die oben genannten Güter vorzeichnen: Wir wollen eins nach dem andern betrachten, und die Klugheitsregeln aufſuchen, die dabey zu bemerken ſind.

2.

Geſundheit und Stärke.

Beides unſchätzbare Güter, wiewohl nur von denen geſchätzt, die ſie nicht beſitzen. Sie ſind nicht viel weniger werth, als das Leben

selbst, denn sie sind, wie dieses, die Bedins
gungen jedes angenehmen Lebensgefühls, und
jedes Genusses. Wie sollte also der, der sie
von der Natur erhielt, nicht alles anwenden,
sie zu bewahren, und der sie verlor, sie wies
der herzustellen? Aber wie wenig wird daran
gedacht! Kann es wohl vernünftig seyn, juns
ge Kinder, die jede Luft vertragen, ausschließs
lich an die warme, erkünstelte, zu gewöhnen,
sie in Betten und dicke Kleidungsstücke zu pas
cken, und ihren Magen durch hitzige Getränke,
ihre Säfte durch Zuckerwerk zu verderben?
Kann es vernünftig seyn, sie in eingeschlosse
ner Stubenluft zu erziehen, die Kraft ihrer
Augen durch die nahe Begränzung ihres Hori
zonts oder durch ein übel angebrachtes Licht
gleich in den ersten Wochen zu schwächen? Und
da wir an den Menschen, welche sich von gyms
nastischen Künsten nähren, mit Erstaunen se
hen, welch eines unglaublichen Grades von
Vervollkommnung unsere körperlichen Kräfte
bey anhaltender Uebung fähig sind: wie kön

nen wir denn so gar nichts für unsere Kinder
in dieser Hinsicht thun, zumal da einige dieser Uebungen den jüngern Jahren recht eigentlich angemessen sind, die sonst doch nur mit
Nichtsthun und Spielen verbracht werden?
Wie können wir Erwachsenen ferner selbst so
gleichgültig gegen die Erhaltung unserer Gesundheit seyn? Wie können wir bey erhitz-
ten Bewegungen, z. E. beym Tanz, die Vorsicht so sehr aus den Augen setzen? Wie können wir manche Speisen, deren übeln Einfluß auf unsern Magen wir aus langer Erfahrung kennen, um einer elenden Lüsternheit
willen, doch immer wieder aufs neue zu uns
nehmen? Wie in unsern sinnlichen Genüssen
so unenthaltsam, so unmäßig seyn? Wie in
dem Rausch einer thierischen Begierde so wenig auf das Gift achten, das wir vielleicht mit
der gehofften Süßigkeit zugleich einsaugen?
Wie um eines elenden Kitzels willen, den wir
noch dazu aus Scham vor gesitteten Menschen verheimlichen müssen, die Blüte unserer

Jugend, die heitere Frische der Gesundheit und
die Elasticität unserer Denkorgane zerstören,
unsern Knochen das Mark entziehen, uns für
künftige edlere Genüsse unbrauchbar machen,
und unsere Züge so entstellen, daß der Kenner
unsere geheimen Laster uns aus den Augen lesen kann? Wie ist es vor der Vernunft zu
verantworten, daß Kranke aus Eigensinn ärzt-
liche Hülfe ausschlagen; oder, nur halb her-
gestellt, schon wieder so unmäßig und unacht-
sam leben können, als zuvor?

Von der Stärke des Körpers ist die des
Geistes meistens eine natürliche Folge. Auch
sie gewinnt durch angestrengte Uebung so viel,
und wird doch so wenig geübt. Muth, Stand-
haftigkeit, Ausdauer unter beschwerlichen Arbeiten, hangen nur von einem recht ernstli-
chen Zusammennehmen der Vernunft, und von
einer energischen Entschließung ab; und wir
sollten unsern edelsten Charakter so sehr ver-
leugnen, und in unabänderlichen Schicksalen
wie die Kinder wimmern? Ein anderes ist es

mit der beständigen Gefaßtheit des Gemüths,
da wir einerley festbestimmte Regel des Handelns in jedem Augenblick strenge befolgen, nie
eine Handlung verrichten, die der vorigen wi-
derspricht, und immerfort einerley Ziel in fester Richtung verfolgen. Ob diese Consequenz
des Charakters auch von einem natürlich schwachen, kränkelnden Menschen, verlangt werden
könne, oder ob nicht auch das Fundament dazu
in den frühsten Jahren durch eine strenge Erziehung gelegt seyn müsse, wage ich nicht zu
entscheiden. Das weiß ich aber, daß sie eins
der wünschenswerthesten Güter, und zur inne-
ren Selbstzufriedenheit durchaus unentbehrlich ist.

3.

Reichthum.

Reich zu werden wäre gar nicht schwer, wenn die fatale Moral und die Gesetze nur nicht wären. So aber kommt es darauf an, nichts an sich zu nehmen, als was uns die Gesetze und die Billigkeit der Menschen öffentlich zugestehen, und da bleibt denn freilich kein anderes Mittel übrig, als den letztern, für ihr Geld so viel zu geben oder zu leisten, daß sie nicht müde werden, unsere Arbeiten zu bezahlen.

Erwirb dir also früh solche Talente, durch welche du einst den Menschen nützlich werden könnest, und da sich doch nicht vielerley auf einmal treiben läßt, so lege dich besonders auf eine Kunst, eine Geschicklichkeit oder ein Gewerbe, und bringe dasselbe zu der möglichst größten Vollkommenheit. Je weiter du darin

deines Gleichen übertrifft, desto häufiger wird
man sich an dich wenden, und für außerordentliche Kunst wird man auch gern außerordentliche Belohnungen gelten lassen. Handwerk
hat einen goldnen Boden; den Geschickten hält
man werth, den Ungeschickten Niemand begehrt; das waren goldene Sprüche bey unsern
Alten. Suche auch am liebsten solche Geschäfte, die dem allgemeinen Geschmacke und dem
gegenwärtigen Bedürfnisse angemessen sind;
desgleichen versäume nicht, vorher deine Kräfte zu prüfen, ob sie auch der Arbeit gewachsen
sind, die die zu ergreifende Lebensart erfordert.
Behandle deine Kunden gefällig und ehrlich,
damit sie gern wiederkommen, und wenn du
Mitarbeiter brauchst, so scheue keine Kosten,
um die besten zu bekommen, welche zu haben
sind. Sey arbeitsam und zeitkarg, erschwere
dir nicht die Arbeit durch Unordnung, zerstreue
dich nicht während derselben durch Plaudern,
Herumlaufen, Grillenfangen, Träumen, Trinken u. dgl., sondern fördere mit ununterbro-

chener Aufmerksamkeit das angefangene Werk.
Laß ja den Müssiggang nicht einreißen. Schie=
be nichts auf morgen auf, was du heut noch
thun kannst. Gewöhne dich an eine bestimmte
Tagesordnung. Verschlafe nicht zuviel Zeit.
Stelle dir immer im Geiste das Vergnügen
vor, das du nach Vollendung einer Arbeit ha=
ben wirst, die dir jetzt beschwerlich wird.

Hast du nun guten Verdienst, und willst
reich werden, so halte dein Geld zu Rathe.
Bey Leibe gib nicht mehr aus, als du ein=
nimmst. Sey sparsam, und verschiebe man=
ches Vergnügen auf bessere Zeiten. Aber hüte
dich vor dem Geiz, vermöge dessen dir das
baare Geld lieber ist, als alles, was man da=
für erhalten kann. Diese elende Liebhaberey
verschließt das Herz tausend edleren Gefühlen,
und hindert auch die Gemüthsruhe, die zu ei=
nem glücklichen Leben unentbehrlich ist.

4.

Ehre, Macht.

Der Ehrtrieb wird fast durch dieselben Mittel befriedigt, wie der Trieb nach Vermögen. Um von den Menschen geachtet zu werden, müssen wir ihnen solche Thaten und einen solchen Charakter zeigen, als zur Achtung erfordert wird, und um sie gar unter unsere Botmäßigkeit zu bringen, müssen wir uns solche Kräfte erwerben, denen sie nicht widerstehen können. Weit mehr aber als der, welcher nur von den Menschen leben will, wird der seine Kräfte anstrengen müssen, der weit über den großen Haufen hervorzuragen begehrt, und selbst wenn er reich und vornehm geboren ist, wird er die wahre Ehre nur dann erst verlangen können, wenn er dem Staate auch solche Dienste erweisen kann, als solcher Geburt angemessen sind.

Feurig ſehen wir den ehrgeizigen Jüngling in die Bahn des Ruhmes ſtürzen, und
ſchon durch ſein bloßes Aeußere, ſeinen Gang
und ſeine Sprache verrathen, daß er mehr
als andere bedeuten, und höher als ſie geehrt
ſeyn wolle. Die Vernunft kann dieſen Trieb
nicht mißbilligen, denn das Höchſte und Herrlichſte in der Geſchichte iſt durch ihn hervorgebracht worden; aber warnen muß ſie den hoch-
fahrenden Jüngling vor der Lächerlichkeit, ſich
eher etwas dünken zu laſſen, als er wirklich
etwas iſt. Der Tempel des Ruhmes iſt
nicht in einem Tage gebaut, und einige
Brocken, den Größeren entwendet, machen ſo
wenig ſelbſt groß, als die geborgten Federn
die Krähe zum wirklichen Pfau machten.
Wahrhaft große Menſchen haben, trotz dem
Genie, das man ihnen beylegte, ihre wun-
derwürdigen Werke nicht ohne die größte
Anſtrengung hervorgebracht. Sie dachten
nicht ſo hin und wieder einmal an das, was
ſie werden wollten: ſie waren mit ganzer

Seele in das Werk versunken, sie dachten
und träumten Tag und Nacht nichts anders,
als nur das Eine, und keine Schwierigkeit
schreckte sie ab. Die Unruhe des Themistokles,
der vor den Trophäen des Miltiades nicht
schlafen konnte, hat jeder Held nach ihm
empfunden. Wer kann das, was Demosthe=
nes und Cicero zur Uebung ihrer Seelen=
kräfte und zur Vervollkommnerung ihrer Kunst
gethan haben, ohne Bewunderung, oder viel=
mehr ohne Seufzer und Erröthen lesen?
Der große Michel Angelo verbrannte vor
seinem Ende seine Handzeichnungen; damit
die Nachwelt an den vielen Correcturen
und verunglückten Versuchen nicht erkennen
sollte, wie viel Mühe ihm seine kleinsten
Werke gekostet hätten. In der Geschichte der
Gelehrten, die in der begeisterungsvollen
Periode des Wiederauflebens der Wissen=
schaften in Italien berühmt geworden sind,
finden sich gleichfalls Beyspiele ganz außeror=
dentlicher Anstrengungen. Mancher junge

Mann schloß sich Monate lang ein, um
nichts als griechisch mit sich selbst zu sprechen; andere studirten den Cicero so genau,
daß sie sich keine Phrase erlaubten, die nicht
in diesem Autor wörtlich zu finden war;
andere forderten die ganze Welt auf ihre
Gelehrsamkeit heraus; Lipsius wollte sich für
das erste Wort, das ihm beym Auswendig-
hersagen des ganzen Tacitus fehlen würde,
den Kopf abschlagen lassen, und viele andere,
die griechische und römische Autoren herausgegeben haben, wußten diese gleichfalls, wenigstens größtentheils, auswendig. Das
heißt doch mit ganzer Seele in seinem Fache
leben! So antwortete der große Büffon
einigen Fremden, die seinen Fleiß und seine
Kenntnisse bewunderten: er habe auch funf-
zig Jahre am Pulte zugebracht. Mögen
diese Beyspiele den wahren Ehrgeiz anspor-
nen, sich gleichfalls nicht mit leichten Aufga-
ben zu begnügen. Per aspera ad astra!
Um jedoch diejenigen nicht zu verschüch-

tern, die sich so große Kräfte nicht zutrauen,
darf ich nicht unbemerkt lassen, daß die Ach=
tung der Welt nicht ausschließlich nur große,
glänzende Thaten belohnt, sondern in einem
gewissen Grade jeder redlichen Bemühung zu
Theil wird, an seinem Platze sein Möglich=
stes zu thun, und sich eine deutliche Ein=
sicht in seine Pflicht und seine Bestimmung
zu verschaffen. Schön sagt Göthe daher:

> Weißt du, wie auch der Kleine was
>   ist? Er mache das Kleine
>   Recht. Der Große begehrt just so
>   das Große zu thun.

So giebt es z. B. Bedienten, die ihren
Platz so trefflich ausfüllen, daß sie durch
ihre Treue, Ordnung und Klugheit ihren
Herren selbst Bewunderung und Achtung
abnöthigen. So ist ein geringer Mensch,
ein Bote, ein armer Handwerksmann, oft
ein so in sich selbst vollendeter Charakter,
daß er eine interessantere Unterhaltung ge=
währt, als ein sich selbst nicht klar geworde=

ner Halbgelehrter. Die Summe aller Lehre
für diesen Punct ist die: Sey alles, was
du seyn willst, ganz; thue alles, was du thun
willst, recht; fange nichts an zu thun oder
zu sprechen ohne Zweck; und suche dir
immer klar zu machen, was du denn eigent=
lich wollest, und warum du es wollest.

Ob nun gleich auf ein solches Verhalten
die Achtung der Menschen von selbst folgt,
so giebt es doch eine Menge leichtsinniger oder
muthwilliger Menschen, die auch dem Ach=
tungswürdigen noch trotzen. Diese zur Ach=
tung zu zwingen, ist jedermann erlaubt, ja
das bürgerliche Gesetz unterstützt ihn darin.
Eine zu ängstliche Anschmiegung an die sitt=
lichen Gebote könnte uns z. B. leicht verlei=
ten, einem dummen oder unverschämten
Menschen, der unsere Ehre angreift, still=
schweigend zu vergeben; allein das würde
ihm nur Muth machen, noch unverschämter
zu werden, auch leicht Andere zur Nachah=
mung reizen. Zur Aufrechthaltung unsers

Respects ist uns daher jedes Zwangsmittel
erlaubt, das mit der Gerechtigkeit, die wir
auch dem Feinde schuldig sind, bestehen kann.
Ja, in manchen Verhältnissen müssen wir
die Zwangsmittel anwenden, wenn nicht mit
unserer Autorität auch aller Nutzen, welchen
wir stiften können, verloren gehen soll, z. B.
als Vorsteher einer Anstalt, als Lehrer, als
Herrschaft, als Regierer eines großen Hau-
sens, u. dgl. Hier müssen wir auf die
kleinste Erweisung des uns gebührenden
Respects eifersüchtig seyn, und die geringste
Verletzung desselben nicht ungeahndet lassen.
Um aber unsern Untergebenen diese Pflicht
zu erleichtern, müssen wir zuerst darnach
trachten, ihren Respect zu verdienen, und
zweytens, ein solches Betragen beobachten,
durch welches wir demselben nicht selber
etwas vergeben. Wie will ein Lehrer Respect haben können, der den Schülern jeden
Augenblick eine Blöße giebt, sie ungeschickt
behandelt, und selbst nicht weiß, was er

von ihnen haben will? Wie will eine Frau
ihre Magd in Respect erhalten, wenn sie
so wenig von Wirthschaft und Einkauf, vom
Kochen und Waschen versteht, daß sie ohne
den Rath der klügern Magd verloren wäre?
Wie kann ein Knabe Achtung für seinen
Vater haben, wenn er sieht, daß dieser der
Strenge gar nicht fähig ist, sich nirgends
consequent zeigt, oder sich wenig um ihn
bekümmert? Der Verlust des Respects ist
gewöhnlich die Folge eines unbedachtsamen
Betragens gegen die Untergebenen. Man
nennt es mit einem inhuman scheinenden Aus-
drucke, sich gemein machen, aber diese Redensart ist sehr treffend. Die Hochachtung, die
ein Schüler vor seinem Lehrer oder ein Bedien-
ter vor seinem Herrn hat, beruht auf der
Meynung, daß solch ein Mann ganz andere
Ideen und viel wichtigere Geschäfte in seinem
Kopfe habe, als er; daß es also verwegen
sey, ihn darin zu stören, und mehr mit ihm
zu sprechen, als die Nothwendigkeit erfor-

dert. Zeigt nun der Herr durch sein langes
Verweilen bey dem Bedienten, durch seine
unbedeutenden, überflüssigen Gespräche, durch
die Geduld, ja das Wohlgefallen, mit welchem er wohl die außerwesentlichsten Dinge
von demselben anhört, daß doch sein Kopf
mit dem seines Bedienten vieles g e m e i n
habe, so zerstört er selbst den Grund seiner
bisherigen Autorität, und sein nachheriges
Imponirenwollen wird ihn nur lächerlich
machen.

Die Regel, welche hieraus für Herrschaf-
ten, Vorsteher, Lehrer und Eltern folgt, ist
die: Halte dich mit denen, deren Respect
du verlangst, nicht einen Augenblick länger
auf, als du ihrer für diesmal bedarfst; ent-
laß sie alsdann sogleich, und erhalte sie sorgfältig in der Meinung, als ob die Sphäre
deines Denkens und Wirkens weit über der
ihrigen läge, und als ob zwischen ihnen und
dir kein Berührungspunct möglich wäre,
als insofern du ihnen Aufträge gibst,

oder sie unterrichtest. Verbirg ihnen sorg=
fältig deine Schwächen, sey nie unthätig in
ihrer Gegenwart, und gib dir das Ansehen,
als ob du auch das Kleinste bemerktest.
Am besten ist es, sie so wenig als möglich
zu sehen. Auch selbst den Vätern ist dieser
Kunstgriff bey ihren Kindern nützlich..

Bey unsers Gleichen erhalten wir uns
in Ehren theils durch das, was wir thun,
theils durch das, was wir sprechen. Berei=
chern wir ihren Geist durch die Mittheilung
neuer Ideen, oder geben wir ihnen durch
interessante Fragen Gelegenheit, sich thätig
zu zeigen, so werden sie gern unsere Gesell=
schaft suchen, und nicht ermüden, uns zuzu=
hören. . Nur wer uns nichts gibt und
nichts von uns verlangt, ist uns überlästig,
sagt Lavater. Es kommt aber hier wieder
nicht alles auf die Kräfte an, sondern das
Meiste auf den Gebrauch, den wir davon
machen. Auch dem, der bey schwacher Kräft
nur recht viel Willen zeigt, das Wenige,

was er vermag, recht gut zu machen, versagen wir unsere Achtung nicht.

Man kann sagen, daß jedermann den
Preis erhalte, den er sich selbst setzt, wofern
man nicht offenbar sieht, daß er uns betrügen will. So gewiß daher der arrogante, auf-
geblasene, eingebildete Geck von jedem vernünftigen Manne verachtet wird, weil man
keinen innern Gehalt bey ihm wahrnimmt,
so leicht kann doch auch der vernünftige
Mann verleitet werden, den wirklich verdienst-
vollen gleichgültiger zu behandeln, wenn dieser durch allzukriechende Höflichkeit sich selbst
mit denen in eine Klasse setzt, die nichts
von der Gerechtigkeit, sondern alles nur von
der Güte Anderer zu erwarten haben.

5.

Gemüthsruhe.

Die größe Mehrheit derjenigen Menschen, denen nur ein mäßiger Grad von Gesundheit, Kraft, Ehre, Vermögen, Glück überhaupt, angewiesen ist, würde sehr unglücklich seyn, wenn nicht die Macht der Gewohnheit im Stande wäre, uns auch eine schlechtere Lage angenehm zu machen, und wenn nicht in der menschlichen Natur eine gewisse Trägheit läge, die besonders in gewissen Jahren jede Veränderung scheuet, selbst wenn sie Verbesserung wäre. — Da wir aber doch nun einmal nicht alle reich und vornehm, klug und schön seyn, nicht alle Länder zu regieren haben oder schöne Weiber besitzen können, so müssen wir billig der Natur Dank wissen für jene zwey Gewichte, mit denen sie den Flug unserer Begierden so

wohlthätig hat hemmen wollen. Schon ihre
Absicht erkennen und ehren, ist Weisheit,
sie befördern, unser Glück. Aber wie können
wir das?

Es sind nicht alle Menschen so glück‐
lich, sich bey dem, was das Schicksal für sie
gethan hat, zu beruhigen. Wenn mancher
auch hat, was tausend Andere ihm beneiden,
so kann er sich doch nicht recht von Herzen
freuen, sondern tausend Kleinigkeiten oder
irgend eine herrschende Vorstellung verbittern
ihm sein ganzes Leben, und rauben ihm jene
schöne Gemüthsruhe, die der Schöpfer uns
doch so sichtlich gegönnt hat. Dieser bereut
frühe Unvorsichtigkeiten, deren Folgen er noch
empfinden muß; ein Anderer schimpft auf
sein Teperament, das ihn oft wider seinen
Willen zu tadelnswürdigen Handlungen oder
unbesonnenen Reden fortreißt; ein Drit‐
ter quält sich mit Grillen, die gar keinen
Grund haben; ein Vierter verwünscht seine
Lage, u. s. w.

Was zuerst die Reue über frühe, Unbedachtsamkeiten betrifft, so ist sie allerdings ein starkes Hinderniß der Gemüthsruhe, und in den meisten Fällen noch dazu ganz fruchtlos. Wie ehemals manches edle, unschuldige Weib ihr Leben bange im Kloster vertrauern mußte, wohin ein allzurascher Entschluß in den Jahren der Unwissenheit sie geführt: so verseufzet noch jetzt mancher Ehemann sein Leben an der Seite einer Frau, die, obgleich ehemals seine freye Wahl, ihm jetzt mit jedem Tage unausstehlicher wird: so quält sich mancher in einem Amte oder Gewerbe, das er mehr im Traume als bey voller Besonnenheit zuerst ergriff; oder bereut die versäumte Gelegenheit, Kenntnisse einzusammeln, die ihm jetzt trefflich zu Statten kommen würden; oder er verwünscht den Augenblick, da eine blinde Leidenschaft ihn trieb, sich seines edelsten Gutes, der Gesundheit, zu berauben. Was ist zu thun, um sich solche Reue zu ersparen? Offenbar

nichts anders, als bey jedem Schritt sich
bestimmt zu fragen: was willst du thun?
und vor allen Dingen die Folgen wohl zu be=
denken. Quidquid agis, prudenter agas et
respice finem! war der Spruch, den jener
alte Weise mit schwerem Gelde nicht zu
theuer zu verkaufen glaubte. Aber es ist
ganz außerordentlich, mit welcher Zuversicht
der leichtsinnige Mensch darauf rechnet, daß
der Zufall seine unbesonnenen Streiche wie=
der gut machen werde. In dem Leben ei=
nes vollkommen weisen Mannes müßte ei=
gentlich keine Handlung, ja kein Wort un=
berechnet seyn, und je fester man alles über=
legt, je klarer man sich vorher alles gedacht
hat, was man thun will, desto weniger
wird man zu bereuen haben.

Ganz besonders sollte man die wichtigern
Schritte, wovon so vieles in der Zukunft
abhängt, nicht ohne die größte Behutsam=
keit und ohne die reifste Ueberlegung thun.
Was kann z. B. wichtiger seyn, als die

Wahl der Ehegenoſſinn? Und wie unver=
nünftig wird dabey nicht meiſtens verfahren!
Entweder ſieht man bloß auf e i n e Eigen=
ſchaft, z. B. Schönheit, Reichthum ꝛc.; oder
man ſieht auf gar nichts, und nimmt die
nächſte, die man kennt, weil man ſich nicht
die Mühe nehmen will, mehrere andere ken=
nen zu lernen; oder man hat ſich ſo in ein
gewiſſes Haus eingewohnt, und ſo viel Ge=
fälligkeiten in demſelben ſchweigend angenom=
men, daß man ſich nicht mehr zurückziehen
kann, aus Furcht, undankbar zu ſcheinen;
oder man iſt von der Liebe ſo leidenſchaftlich
hingeriſſen worden, daß man, in der Ueber=
zeugung, man werde ohne den Gegenſtand
derſelben nicht leben können, Herz und Hand
auf ewig verſchenkt hat. Das letztere begeg=
net nur ſehr jungen Leuten, und wird in vie=
len Fällen durch die bürgerlichen Verhältniſſe
wieder vereitelt, die die frühen Heyrathen be=
kanntlich ſehr erſchweren. Ungeachtet nun die
Bereitwilligkeit zur ewigen Verpflichtung dem

feurigen Jünglinge zur Ehre gereicht, so ra=
then doch Klugheits= und Sittenlehre gleich
ernstlich von dieser Treuherzigkeit ab; diese,
weil man niemanden Hoffnungen machen soll,
deren Erfüllung nicht ganz von uns abhängt;
jene, weil man sich nie die Hände binden muß,
wenn man in der Folge die verlorne Freyheit
nicht schmerzlich bereuen will. Man mache
sich daher früh recht deutliche Begriffe von der
Liebe, und entschlage sich besonders des unge=
gründeten Glaubens, als könne man nur mit
einer bestimmten Person, die man gerade jetzt
gefunden hat, glücklich leben. Man sage sich
vielmehr so kraß als möglich, daß alles, was
bey der heißesten, zärtlichsten Liebe in dem
Alter der erwachten Mannbarkeit in unserm
Herzen vorzugehen scheint, eigentlich eine Span=
ne tiefer vorgehe, daß dasselbe gleichfalls vor=
gehen würde, wenn wir hundert ganz andere
Mädchen unter solchen Umständen kennen ge=
lernt hätten, und daß es sicher vorgehen wer=
de, wenn wir etwa unsern Wohnort verändern

sollten. Man sage sich recht deutlich, daß,
den physischen Grundtrieb ausgenommen, alles
übrige, bey der Liebe nur Poesie ist, und daß,
nach dem Verflug des poetischen Zaubernebels,
oft etwas sehr Trostloses zurückbleibt. — Um
endlich nicht von solchen, die darauf ausgehen,
unvermerkt umstrickt zu werden, besuche man
solche Häuser, in welchen Töchter heranreisen,
mit größter Vorsicht, mache sich auf keine Weise von den Eltern solcher Töchter abhängig,
und weiche besonders allen Wohlthaten aus,
auf welche einmal Anforderungen gegründet
werden könnten.

Eben dieselbe Vorsicht und dasselbe Mißtrauen sind nöthig, wenn wir uns mit einem
Compagnon in ein Handelsgeschäft einlassen
wollen. Wo wir nicht vollkommene Fähigkeit,
Ernst, Thätigkeit und gewissenhafte Redlich-
keit wahrnehmen, da müsse keine Freundschaft
uns verleiten, den unsichern, reueschwangern
Bund zu schließen. Bey Verträgen ziehe man
ja einen der Landesgesetze kundigen Mann zu-

Rathe. Auch mit dem Leihen zaudre man,
wenn man nicht allenfalls auch bereit ist, das
Geliehene zu schenken. Derer, die gelie=
hene Sachen zu der bestimmten Zeit von selbst
wiedergeben, sind so wenige in der Welt; daß
sie nur als Ausnahmen zu betrachten sind.

Ich komme jetzt zu denen, die nicht eine
bleibende Ursache zur Unzufriedenheit haben;
sondern deren Gemüthsruhe nur zuweilen ge=
trübt wird. Dies geschieht meistens durch
Ausbrüche eines heftigen Temperaments, oder
durch Wirkungen einer alten bösen Gewohn=
heit, oder durch temporäre Vernachläffigung
der Klugheit. Man verliert im Spiele sein
Geld; man bekommt beym Trunke Händel;
man versäumt etwas nöthiges über vielem
Plaudern, langem Schlafen, unnützer Geschäf=
tigkeit 2c., man vergißt sich im Reden, sagt,
was man nicht sagen sollte, und hat Verdruß
davon. Auch zur Verhütung solcher Vorfälle
räth die Klugheitslehre: handle nach der Ver=
nunft; sey dir deiner Zwecke deutlich bewußt;

träume nie mit wachenden Augen. Du kannst
spielen, denn es ist ein unschädliches Vergnügen, nur mußt du wissen, wie weit du gehen
darfst. Ist es so mit dir bestellt, daß ein
Verlust von wenigen Groschen oder Thalern
dich sehr verlegen machen könnte, so spiele. lieber nicht. Du darfst Aufwand machen, nur
nicht mehr, als mit deiner Einnahme und deinen nöthigen Ausgaben bestehen kann. Du
darfst trinken, nur nicht mehr, als dein Kopf
verträgt. Hat aber eine frühe Verwöhnung
irgend einen bösen Hang in dir befestigt, so
mache dir die philosophische Aufgabe, ihn mit
allen Waffen der Vernunft zu bestreiten und
zu besiegen.

Ein drittes Hinderniß der Gemüthsruhe
ist die Furcht, eine Tochter der Schwäche,
zuweilen aber auch der Trägheit. Man bildet
sich ängstliche Vorstellungen von der Zukunft,
man glaubt, es werde mit uns selbst, ja mit
der ganzen Welt immer schlechter werden, man
werde nicht mehr leben können ꝛc. Aus die-

ser Besorgniß wird man geizig, mißtrauisch,
ängstlich, verschlossen, menschenscheu. Oder
man hängt an abergläubischen Zeichen, Pro=
phezeihungen, Träumen und Ahnungen, und
zittert vor den unschuldigsten Dingen. Oder
man glaubt sich von heimlichen Feinden umge=
ben, glaubt Freunde falsch, die es doch gut
mit uns meinen, und verbittert sich dadurch
selbst das Leben. Oder man hat medizinische
und philosophische Bücher gelesen, und glaubt
sich von allen Krankheiten verfolgt, oder wird
durch Zweifel an Gott und Unsterblichkeit ge=
ängstigt 2c.

Willst du von diesen Arten der Furcht ge=
heilt werden, so mache es, wie man es mit
scheuen Pferden macht, geh gerade auf den ge=
fürchteten Gegenstand los, und lerne ihn deut=
lich kennen. Sieh doch zu, ob es denn bis=
her schon so merklich schlechter mit dir gewor=
den sey; und ob es nicht mit tausend Andern
noch unendlich schlechter stehe. Wo diese blei=
ben werden, wird ja auch für dich wohl noch

Raum, seyn. Lies doch die Geschichtschreiber, wie sie immer die nämliche Sprache über schlechte Zeiten und böse Menschen geführt haben, ja wie, laut den Thatsachen, alles wirklich schon viel schlechter gewesen ist, als jetzt. Ein Cicero würde unsere Zeiten goldne Zeiten nennen. Verwirrt dummer Aberglaube, dir den Kopf, so bilde deinen Geist durch Untersuchung der Natur und ihrer Gesetze, eigne dir die Klarheit stärkerer Geister an, und entschwinge dich dem Wuste und der Finsterniß des Pöbels. Zitterst du vor Menschen, so untersuche doch, ob sie denn wirklich wohl ein so mächtiges Interesse haben können, dir zu schaden, und was sie denn bisher schon eigentlich gethan haben. Findest du es nicht ganz besonders, daß du so ein guter, jene aber so erzböse Menschen seyn sollten? Sie sind ja doch mit dir aus einem Thon geknetet. Oder fühlst du dich etwa wirklich selbst so böse? Nicht doch! Nun so werden sie es ja auch nicht seyn. — Du kanust krank werden, das ist

gewiß; du wirst einmal sterben, das ist noch
gewisser: Aber wirst du es durch alles Dens
ken verhindern? Denke doch lieber, wie du
leben willst. Sind doch alle gestorben, die ges
lebt haben, so wirst du's ja auch überwinden.
Mache es doch, wie listige Schuldner, die sich
so in der Arbeit vertieft anstellen, daß der
Gläubiger sie nicht zu stören wagt. Pflanze,
rechne, baue, kaufe; schreib, mache Plane
für halbe Jahrhunderte; arbeite, als wolltest
du ewig leben; du wirst dadurch, wo nicht den
Tod, doch die Gedanken an ihn verjagen.
Und was die Furcht vor dem Weltgericht be
trifft: lebe so, daß du es nicht scheuen darfst. —
„Aber wenn nun mit dem Tode alles aus
wäre?“ — Du meinst, wenn alle übrigen
todt blieben, und du allein erwachtest? Das
wäre freilich schlimm! — „Ach nein, wenn
ich auch todt, und in der Erde liegen blie
be!“ — Und es fühltest, daß du da lägest! —
„Ach nicht doch! wie will ichs denn fühlen,
wenn ich todt bin?“ — Nicht? O über das

große Unglück, todt zu seyn, und nichts davon
zu fühlen!

Betrachten wir nun viertens noch diejenigen, die aus Unzufriedenheit mit ihrer Lage
nicht zur Gemüthsruhe kommen können, so
wird ja die Vernunft in vielen Fällen auch für
diese noch Rath und Trost haben. In allen
freilich nicht. Im Stiere des Phalaris, bey
zerschossenen Gliedern oder an der Galeeren-
kette möchte wohl der eisernste Stoiker seine
Idee von der wahren Glückseligkeit aufgeben.
Aber wie viele leiden denn so ein Uebermaaß
von Elend? Bey vielen ist es die Armuth,
die sie zu Klagen treibt. Ist denn der redlich-
sie Fleiß gar nicht im Stande, etwas mehr
hinzuzuschaffen? Andere klagen über Mangel
an Unterstützung. Habt ihr denn die Unterstützung auch verdient? Habt ihr sie auf die
rechte Art nachgesucht? Habt ihr nicht durch
Leichtsinn oder Trägheit eine gute Gelegenheit
muthwillig versäumt? Es giebt so herrliche
Exempel von Menschen, die bey wenigem ver-

gnügt gewesen sind, daß man sich, wenn man
es nicht gleichfalls seyn kann, immer mit Recht
in den Verdacht ziehen darf, als müsse die
Schuld doch wohl in einer zu wenig geordne-
ten Ideenreihe und zu geringer Selbstherrschaft
der Vernunft liegen. So wie es auf mich
ankommt, ob mein Gärtchen Blumen oder
Unkraut tragen soll, so wird mir auch mein
kleiner Wirkungskreis Freude oder Verdruß gewähren, je nachdem ich ihn bearbeite. Etwas
wird immer darin seyn, das mich belohnen
kann, und je unscheinbarer das Geschäft ist,
desto rühmlicher für mich, wenn ich etwas
ausgezeichnetes daraus mache. Und stehe ich
denn wirklich so schlecht? Würden sich nicht
Hunderte herzudrängen, wenn ich ihnen nur
Platz machen wollte? Und kurz und gut, es
ist nicht zu ändern. Es ist fast unbegreiflich,
wie man, bey dieser eingesehenen Nothwendigkeit nur noch das Gesicht verziehen kann.

Selbst wenn endlich die Kräfte schwinden, und der letzte Kampf sich naht; wenn die Freunde, die uns bisher noch heiter besuchten, nun immer ernsthafter und wehmüthiger von uns Abschied nehmen; wenn wir die Unsrigen schon dem weggehenden Arzte ängstlich nachgehen sehen, ihn draußen zu fragen, wie lange es noch wohl dauern könne — o meine Freunde, so schwer der bittre Gedanke auch drückt, so wollen wir doch auch ihn mit männlicher Fassung denken. Es muß ja doch endlich einmal dahin kommen, und die Edelsten sind diesen Weg gegangen, vor uns; hätten gern noch manches ausgeführt, noch manches ihrer ausgestreuten Körner erwachsen sehen; aber sie mußten früher von hinnen. Laßt uns sterben wie sie. Auch unser Tod soll seyn wie der Edelsten unsers Geschlechts.

———

Vom Neide werde ich noch an einem andern Orte zu reden haben, doch darf ich ihn auch hier als einen mächtigen Störer der Gemüthsruhe nicht ganz übergehen. Keinen Neid zu haben, ist von keinem Menschen zu verlangen; denn durch jeden Vorzug, der einem Andern gegeben wird, sehen wir uns zurückgesetzt, und dabey kommt der allgewaltige Selbsterhaltungstrieb viel zu sehr ins Spiel, als daß es ohne feindselige Regungen abgehen könnte. Sollen diese geschwächt oder ganz unterdrückt werden, so kann dies allein durch die Vorstellungen geschehen, daß wir ja etwas unbilliges verlangen, daß auch Andere leben wollen, daß ein Mensch nicht alle Vorzüge in sich vereinigen könne, und daß uns für das, was Andere vor uns voraus haben, wiederum manches zu Theil geworden ist, das ihnen abgeht.

6.

Wissenschaft und Kunst.

Diese beiden wunderbaren Göttergaben müssen unstreitig unter die Güter gerechnet werden, da diejenigen, welche sie einmal recht kennen gelernt haben, mit der innersten Sehnsucht nach ihrem vollkommensten Besitze streben. Auf welche Anlage unserer Natur sich die dabey wirksamen Kräfte gründen, das ist bekänntlich die große Aufgabe, die sich die neueste Philosophie; eben deswegen sehr passend Wissenschaftslehre genannt, gemacht hat. Ob sie sie jemals lösen werde, und ob bis in diese schwindelnde Tiefe zu dringen dem menschlichen Geiste überhaupt gestattet sey, wird die Zukunft lehren. Bis dahin aber, wo wir die Kräfte selber kennen werden, wollen wir uns begnügen, die äußern Bedingungen kennen zu lernen, unter denen sich diese Kräfte wirksam erzeigen. Und hier ergeben sich wunderliche Erscheinungen. Die herrliche Wissenschaft, die göttliche Kunst, dienen eben so sehr dem gemeinen Selbsterhaltungstriebe zur Nahrung, als Reichthum, Ehre, Macht, und die übrigen Güter. Das erste Motiv, das uns zum Lernen treibt, ist die Furcht vor dem Lehrer, dann kommt der Ehrgeiz hinzu, uns mit unserm Wissen vor Andern auszuzeichnen, und endlich der Eigennutz, der uns gewisse Kenntnisse als unentbehrlich zu irgend einem Amte vorstellt. Erst wenn wir alle diese Triebfedern abgeschüttelt haben, bleibt ein reines Vergnügen an den Studien selbst zurück, welches indessen immer noch den größten Theil seiner Nahrung dem Ehrtriebe verdankt. Dem Künstler, der eine Sehnsucht empfindet, sich über den großen Haufen gemeiner Menschen emporzuschwingen, aber weder Gelegenheit zu Heldenlorbern, noch Zugang zu den Staatsgeschäften hat, bleibt nur ein Weg übrig,

dem Volke zu zeigen, wie würdig er der Achtung sey, der nämlich, daß er sich in seine
Kammer verschließe, und seinen Gedanken,
Wünschen und Träumen äußeres Leben, sinnliche Gestalt und sichere Dauer gebe, um dann
stolz mit seinem Werke hervortreten und sagen
zu können: Seht, das hat der Mann ge-
schaffen, den ihr übrigen Geschäfte treibenden
oder auch müssig schwelgenden Menschen in
eurer Gesellschaft so gleichgültig ansahet! —
Verbietet dem Verfasser der Wissenschaftslehre,
den geringsten neuen Gedanken der Welt oder
auch nur einem Freunde mitzutheilen; schnei-
det einem Rafael die Hoffnung rein ab, für
seine Gemälde Geld und Ehre zu erhalten,
und von dem Augenblick an hat für jenen
die Philosophie und für diesen die Kunst auch
nicht das geringste Interesse mehr.

———

Nirgends zeigt sich die Verdrehbarkeit der
menschlichen Vernunft durch verkehrte Gewöh-

nungen so deutlich, als in der sinn- und zwecklosen Art, wie viele Gelehrte die Wissenschaften behandeln. Eigentlich kann man doch nur vier Zwecke erdenken; zu denen man Kenntnisse einsammelt, entweder 1. aus reinem Vergnügen am Wissen, oder 2. weil die Kenntnisse, nach denen man strebt, ins praktische Leben eingreifen, oder 3. um eines Examinators willen, oder endlich 4. weil man sie Andern wieder lehren will, die vielleicht etwas besseres, als wir selbst, damit anzufangen wissen werden. Diese letztere Klasse umfaßt die Schullehrer, die, wenn sie sich nicht einen von den beiden erstgenannten Zwecken zugleich setzen, den Apothekern zu vergleichen sind, welche ihre Kräuter und übrigen Heilmittel nicht zu eignem Gebrauch, sondern für Andre einsammeln. Wer sich nun aus einem dieser vier Gründe, oder aus mehreren zusammengenommen, auf die Wissenschaften legt, der weiß doch wenigstens, was er will, und behauptet also dabey doch im-

mer den Ruhm eines vernünftigen Mannes.
Was soll man aber zu denen sagen, die im=
merfort studiren, so wie der Geizige im=
merfort sammelt, ohne zu wissen, wozu?
die von allem etwas haben wollen, und
nichts vereinigen? die mit solchem Ernst auf
die Erlernung todter Sprachen dringen, ohne
sich doch sonderlich um die Werke zu ;beküm=
mern, die in diesen Sprachen geschrieben sind?
die kahle geographische oder statistische Regi=
ster auswendig lernen, um sich ein Zeitungs=
lexikon zu ersparen? die zehntausend Pflanzen
mit den Linneischen Namen zu nennen, aber
von keiner einzigen den Nutzen anzugeben
wissen? die die Geschlechtsregister der Kalifen
und die sämmtlichen Stämme der germani=
schen Völker an den Fingern herzählen können,
aber über die Ursachen und Wirkungen von
Beider Erscheinung nie nachgedacht haben?
Freilich werden auch diese sagen, solches Wis=
sen mache ihnen Vergnügen; allein es würde
ihnen schwer werden, zu beweisen, daß dies Ver=

gnügen edler sey, als das Vergnügen am L'hombre: spiel; oder an der Anhörung einer alten Frau, deren Familiengeschichten und Stadtgeklätsche mich eben so nahe angehen, als die Einwoh: nerzahl der Stadt Buxtehude; oder der Un: terschied der Sylben Φι und Φιυ, oder der barbarische Name, mit welchem der selige Linné irgend eine so und so aussehende, um die und die Zeit an dem und dem Fluß in Sibiricu blühende Wasserpflanze hat benannt wissen wollen.

Doch, daß mich Niemand mißverstehe! Damit soll keineswegs gesagt seyn, als ob ein Büsching, ein Wolf, ein Humbold, in ihren Bemühungen, uns eine möglichst voll: ständige Geographie, eine möglichst genaue Kenntniß der griechischen Grammatik und einen ungewöhnlichen Beitrag zu unsern bo: tanischen Registern zu geben, thöricht gehan: delt hätten Nur wenn wir annehmen könn: ten, daß diese trefflichen Männer für den letzten Zweck alles Wissens keinen Sinn ge:

habt, und sich um das Eingreifen ihrer Wiss
senschaften in die allgemeine Bildung nicht
bekümmert hätten, verdienten sie unser Achs
selzucken. Aber nachdem sie unter den obigen
vier angegebenen Zwecken dem ersten immers
fort nachstrebten, machte es ihnen Vergnügen,
um des vierten willen jene mühsamen Werke
über die Geographie und über die Dialecte auss
zuarbeiten, und dadurch tausend Andern die
Erreichung aller vier Zwecke zu erleichtern.

Um nun auf die Hauptsache zurückzukoms
men, warum ich dieser Dinge hier überhaupt
erwähnen mußte, so fragt sich: auf welchem
Wege ist von der Wissenschaft, als Gut bes
trachtet, der schönste Vortheil zu gewinnen;
und wie ist dies Gut überhaupt zu erlangen?
Eine ausführliche Beantwortung der letztern
Frage würde mich auf eine Methodik aller
einzelnen Wissenschaften führen, worauf ich
mich hier natürlich nicht einlassen kann. Das
her nur folgende Winke:

Wer von seinen Eltern oder Lehrern zum

Studium der Wissenschaften bestimmt ist, der
werde früh angehalten; in dem Lernen sein
Vergnügen zu finden. Alle Elemente, besonders der Sprachen, bringe man ihm zu einer
Zeit bey, wo das Gedächtniß noch alles ohne
Unterschied gern festhält, und wo die Motive
der Furcht, des Wetteiferns oder der Liebe
zum Lehrer ihn noch treiben. Späterhin wird
es dem zum Denken gewöhnten Geiste schon
schwer, ja unmöglich, die trockenen Formeln
und das viele Mechanische, das zum ersten
Anfange, gleichsam zum Gerüste, erfordert
wird, lieb zu gewinnen und fest zu halten.
Die Schulen sollten daher recht eigentlich diejenigen Dinge treiben; die sich ohne äußern
Zwang dem Geiste nicht anschmiegen, und
um ihrer innern Annehmlichkeit willen nie
gelernt werden würden, besonders also Sprachen; dagegen sollten sie die Zeit weniger
mit solchen Wissenschaften versplittern, die
doch nur erst in reiferen Jahren bey eigenem
Triebe und Bedürfnisse mit rechtem Nutzen

studirt; und auf die rechte Weise gefaßt wer=
den können, z. E. Geschichte, Aesthetik ꝛc.
über welche letztere heut zu Tage die alte
grammatische Gründlichkeit unverzeihlich ver=
nachlässigt wird. Ueberhaupt sollte man den
Kopf eines jungen Menschen bis in die erste
Klasse wie ein Magazin betrachten; in wel=
ches nur immer hineingetragen würde, und
erst wenn alle Fächer voll wären, mithin ein
reiches Maaß von Materialien vorhanden
wäre, sollte man anfangen, ihn zu belehren,
wozu in der Folge wohl diese Schätze zu ge=
brauchen wären. Es ist nicht zu fürchten,
daß ein mechanisch vollgepfropfter Kopf ohne
Judicium (wie man's nennt) bleiben werde.
Wer nur einen rechten Vorrath in sich fühlt,
den wird zu seiner Zeit Ehrgeiz und Bedürf=
niß schon lehren, ihn zu gebrauchen, auch
hat die Natur diesen Gang bey allen wissen=
schaftlichen Erfindern genommen. Erst nah=
men sie alles, was da war, in sich auf;
dann combinirten sie aus dieser Summe Neues

und Größeres; dagegen iſt noch nie ein trüs
her Räſonneur ein gründlicher Denker gewors
den. — Nach wohl gelegtem Fundamente
richte nun der Jüngling ſeinen Blick nach
einem Vereinigungspuncte alles ſeines Wiſſens,
nach einem letzten Grunde aller Erſcheinuns
gen: dies wird ihn auf die Philoſophie, die
Wiſſenſchaft aller Wiſſenſchaften, führen. Erſt
wenn er ſelbſt geſehen hat, wie weit die Auss
ſichten reichen, die ihm hier eröffnet ſind,
und wie ſich in dieſen Strom alle einzelnen
Bäche ergießen, dann kehre er zurück, und
wähle ſich das kleinere Gebiet, das ihm vor
allen ändern lächt, und bebaue es zum Bes
ſten des Ganzen ſo redlich, als er kann. So
wird ihm die innere Selbſtzufriedenheit und
die Achtung der Welt nicht fehlen.

Der Künſtler wird nur von der Kunſt
begeiſtert, und nur von Künſtlern erzogen.
Sein Wonnegefühl iſt dem des Schöpfers
analog. Wen ſein guter Genius dieſen Weg

führte, der wird der Regeln der Klugheits=
lehre dazu nicht bedürfen.

─────────

7.

Liebe der Menschen.

Nicht die Tyrannen allein, die nach dem
Grundsaße: odérint dum metuant, regiert
haben, sondern auch ein großer Theil der
übrigen Menschen haben die Liebe ihrer Mit=
menschen so gering geachtet, daß es einem
gutartigen, gefühlvollen Manne unbegreiflich
ist; wie sie sich dabey haben glücklich fühlen
können. Je edler unser Charakter gebildet
ist, desto sehnsuchtsvoller werden wir nach
dem süßen Bewußtseyn streben, recht vielen
Menschen etwas werth zu seyn, und von allen,
die uns umgeben, geliebt zu werden. Und
umgekehrt, wenn wir nach diesem Bewußt=
seyn streben, so werden wir unwillkührlich auf

die Beobachtung der sittlichen Gebote geführt
werden; denn diese ist großentheils das Mittel, die Liebe der Menschen zu gewinnen.
Doch wir wollen alles, was dahin gehört,
hier kurz zusammenstellen.

Um geliebt zu werden, müssen wir liebenswürdig seyn; liebenswürdig durch das, was
wir thun, liebenswürdig in dem, was wir sprechen, liebenswürdig durch die ganze Art, wie
wir uns darstellen. Das Letztere ist zwar
nicht die Hauptsache, aber es ist das Erste,
was an uns bemerkt wird, und es ist kein
kleiner Vortheil, wenn der erste Eindruck,
den wir machen, angenehm ist. In dieser
Hinsicht ist körperliche Schönheit unstreitig
ein sehr wünschenswerthes Gut, und die Bemühung, sie zu erhöhen, nicht so verächtlich
Eitelkeit zu nennen. Vielmehr ist es der Klugheit vollkommen gemäß, wenn man gewisse
natürliche Fehler durch Zwang, gutgewählte
Kleidung oder medizinische Mittel so viel als
möglich verbirgt, wenn man solche Farben oder

solche Art, das Haar zu tragen, wählt, die
der Gesichtsfarbe oder dem Wuchse etwas leihen, wenn man der herrschenden Mode folgt,
und wenn man sich aller solcher Trachten, Reden oder Bewegungen enthält, von denen man
weiß, daß sie zu seiner Individualität nicht
passen.

Das Universalmittel zum Gefallen, das
selbst die Schönheit nicht entbehren kann, ist
die Reinlichkeit; aber nicht eine solche,
die nur auf der Oberfläche schimmert, sondern
die zu Geist und Leben bey uns geworden ist,
und alles erfüllt, was uns umgiebt. Sie ist,
nach Montesquieu, der äußere Widerschein
von der Reinheit der Seele. Nicht leicht kann
man den Sinn für diese Tugend zu weit treiben: Ein reinliches, wohlgeordnetes Zimmer,
ein weißes Kleid, saubere Wäsche, die vollkommenste Reinlichkeit der Haut, des Kopfes,
der Zähne und des Mundes, eine blinkende
Küche, ein Eifer für die Netterhaltung auch
der gebrauchtesten Gefäße und Hausgeräthe:

dies alles erwirbt einem jungen Mädchen einen Reiz, der über allen Reiz der Schönheit
geht, und der Abgang dieser Tugend ist nicht
selten die Ursache, warum manches Mädchen
so wenig gesucht wird, und manches Weib
ihrem Manne so unausstehlich ist. Die Frauen
klagen so gern darüber, daß die Liebe der Männer weit lauer im Ehestande als im Brautstande sey; allein sie bedenken nicht, daß sie
ihnen auch im ehelichen Schlafgemach eine
weit schmutzigere, schlampigere Figur zeigen,
als bey den ehemaligen Schäferbesuchen im
Brautstande. Gewöhnlich muß dabey freilich
die Küche und die Wirthschaft zur Ausrede dienen; aber damit wollen sie nur ihre Trägheit
und Bequemlichkeitsliebe bedecken. Eine Ehefrau sollte, und wenn sie noch so oft die Wäsche wechseln müßte, für ihr Hauskleid und
ihr Unterröckchen weit größere Sorge tragen,
als für alle Staatskleider und Coeffüren, mit
denen sie in Gesellschaften glänzen will. Jedermann sollte billig nichts so sehr fliehen, als

das, wodurch er sich Andern ekelhaft machen
kann; aber besonders ist eine von Unflat star-
rende Hausfrau der scheußlichste Anblick, den
man haben kann.

Mit der Reinlichkeit hängt die Ordnungsliebe auf das genaueste zusammen. Beide
müssen uns früh angewöhnt werden, wenn sie
uns in reiferen Jahren nicht wenigstens sehr
schwer fallen sollen. Die Ordnungsliebe theilt
die Tageszeit streng für gewisse Geschäfte ab,
verlangt in jedem Geschäft einen unabänderlichen Tact und Mechanismus, und weiset auch
dem kleinsten Geräthe seinen bestimmten Platz
an, den es immer und ewig behalten muß
und auf den es jedesmal gleich nach dem Ge-
brauche wieder hingelegt wird; so daß es auch
im Finstern gefunden, und jedem Fremden aufs
genaueste und sicherste bezeichnet werden kann.
Ein kürzlich bey Berlin verstorbener Landpre-
diger bediente sich noch in seinem achtzigsten
Jahre der nämlichen zwey Stecknadeln, mit
denen er noch als Schüler seine Halsbinde be-

festigt hätte. Wie hätte er sie auch verlieren
können, da er sich von Jugend auf gewöhnt
hatte, sie des Abends in die Binde zu stecken,
und sie beim Wechseln der Binden immer sorgfältig aus der alten herauszuziehen? Außer
dem großen ökonomischen Nutzen dieser Tugend
aber ist sie kein geringes Mittel, uns die Zu-
neigung Anderer zu verschaffen, indem nicht
nur ein wohlgeordnetes Zimmer, Haus, Schrank,
Garten ꝛc. angenehm ins Auge fallen, sondern
jeder sich auch unbedenklicher mit einem Manne
einläßt, dessen Ordnungsliebe auf verwandte
Tugenden schließen läßt.

Ob eine Dame zur Erhöhung ihrer Schönheit auch Schminke und falsches Haar benutzen solle? Wenn sie es ihrem Publicum zutrauen darf, ihm dadurch zu gefallen — warum nicht? Was das aber für ein Publicum
seyn kann? Unstreitig kein anderes, als welches sich selbst mit falschen Lenden und Waden
behilft.

Nächst dem schönen Körper wird man

am sichersten, durch, artige Manieren und Reden und durch Geschmack gefallen. Diese
Dinge können freilich nur im Umgange mit
fein erzogenen Personen gelernt werden,
allein auch eigene Aufmerksamkeit auf sich
selbst kann uns wenigstens die plumpsten Ver-
stöße vermeiden helfen. Zu diesem Zweck
besuche man, so häufig man dazu Gelegenheit
hat, gebildete Gesellschaften, das Theater
und den Tanzsaal, wenn beide letztere Orte
nicht etwa aus ökonomischen Rücksichten,
oder aus Pflicht für die Gesundheit oder die
Gemüthsruhe vermieden werden, müssen.
Man studire besonders die keinen Aufmerk-
samkeiten und Gefälligkeiten, wodurch man
sich bey Frauen und höhern Personen so
beliebt macht, und vermeide jedes Wort,
womit man das ästhetische Gefühl beleidigen
könnte. Ein reines und gebildetes Sprach-
organ, und die Gabe, seine Gedanken und
Gefühle in einer leichten und angenehmen
Rede vorzutragen, giebt uns einen hohen

Werth in der Gesellschaft, und man weiß,
welche ungeheure Uebungen die Alten anstell=
ten, um sich in dieser Kunst recht zu ver=
vollkommnen. Wenn werden doch auch bey
uns die Zeiten kommen, wo man der münd=
lichen Beredsamkeit eigene Uebungen widmen
wird?

Nächst diesem Talente giebt es noch
einige andere, die ihre Nützlichkeit ganz vor=
züglich im geselligen Umgange bewähren,
und die daher schon deshalb mit Eifer zu
erringen sind. Eine Fertigkeit in fremden
Sprachen, im Spielen eines musikalischen
Instruments, im Singen, im Tanzen, selbst
in den gangbarsten Arten geselliger Spiele,
giebt uns die vielseitigste Brauchbarkeit in
Zirkeln, wo solche Talente gelten, und eins
derselben setzt uns oft schon in den Stand,
eine ganze Gesellschaft angenehm zu unter=
halten, die sonst einen Abend in tödlicher
Langerweile zugebracht haben würde. Aus
diesem Gesichtspuncte betrachtet ist das Kar=

tenſpiel eine herrliche Erfindung, und der
Vorwürfe nicht werth, die die Moraliſten
ihm meiſtens zu machen pflegen. Dieſe
Herren ſind in der Regel Gelehrte, und
müſſen es als ſolche freilich nützlicher finden,
Quartanten durchzuackern, als die ſchöne
Zeit mit Spielen zu tödten. Aber ſie ſollen
nur erſt denen, die keine Gelehrte ſind; ein
beſſeres Mittel vorſchlagen; ſich von beſchwer:
lichen Geſchäften zu erholen, und dem Geiſt
eine angenehme Zerſtreuung zu geben. Vor:
leſen iſt etwas; aber wo findet man für eine
gemiſchte Geſellſchaft ein Buch, das allen
gefällt? Wie leicht ſchläft man dabey ein!
Wo hat man immer einen guten Vorleſer?
Sprechen? .. Woher ſoll der Stoff kommen,
wenn dieſelben Perſonen ſich oft ſehen, und
jedesmal lange beyſammen ſind? Oder wenn
man ſich gar nicht kennt? Muſik? Erfor:
dert einen, der ſie machen kann; und immer
neue Stücke, die nicht ſo wohlfeil zu haben
ſind. Und immer kann man ſich doch auch

nicht vorspielen laſſen. Dazu hat das Kar=
tenſpiel das Gute, daß alle Theilnehmer
dabey ſelbſtthätig ſind, daß das Nachdenken
auf eine angenehme Art dabey beſchäftigt
wird, und daß die Furcht vor dem Verluſte
ein beſtändiges Intereſſe wach erhält, das
oft unſern Körper unmerklich mit erhitzt,
und das träge Blut raſcher durch die Adern
treibt. Gewährt es endlich dem Spielenden
ſelbſt Vergnügen, thut es ſeiner nützlichen
Thätigkeit, ſeinem Vermögen und ſeiner
Gemüthsruhe keinen Eintrag, ſo iſt gar
nicht abzuſehen, warum es von den Mitteln,
unſere geſellſchaftlichen Zuſammenkünfte zu
erheitern, ausgeſchloſſen zu werden verdiente.

Die ſolideſten Mittel endlich, nicht bloß
Liebe zu erregen, ſondern ſie auch bleibend
zu erhalten, ſind ſolche Tugenden, wodurch
man in Andern die angenehmen Gefühle des
Vertrauens und des Selbſtgefühls hervorbrin=
gen kann. Zeige alſo denen, deren Liebe du
wünſcheſt, zuerſt, daß ſie dir etwas werth

sind. Nichts schmeichelt dem Menschen so sehr, als das Bewußtseyn, recht vielen lieb und schätzbar zu seyn. Der schlechteste Kerl fühlt sich geehrt, wenn man in ihm irgend etwas Gutes rühmend anerkennt, und unser bloßes Vertrauen macht ihn besser. Behandle also jeden recht geflissentlich mit der Achtung, die er verdient; laß es ihn merken, daß du das Gute an ihm, dessen er sich selbst bewußt ist, mit Wohlgefallen erkennst; ja könntest du selbst das so vortrefflich nicht finden, worauf er sich so viel einbildet, so sey doch nicht so lieblos, seinen süßen Wahn zu stören, wenn dieser Wahn übrigens unschuldig ist, und dein Beruf es nicht etwa ausdrücklich fordert, ihm deine Meinung rund heraus zu sagen, oder auch, wenn sein Dünkel nicht eine ernstliche Zurechtweisung heilsam für ihn machen kann. Umgehe die Schwächen Anderer mit Schonung; vermeide es, Dinge zu berühren, die sie kränken könnten; sey höflich, zuvorkommend, dienst-

14

fertig; erheitere sie durch deinen eigenen
leichten Sinn; klage ihnen ohne Noth nichts
vor; sprich nicht viel von deiner Krankheit,
von deinen Geschäften, Processen und Aer-
gernissen; beruhige sie vielmehr selbst durch
passende Trostgründe, liebreiches Zureden,
scherzhaftes Herausheben der lächerlichen oder
vortheilhaften Seiten eines Unfalls, u. dgl.
Um alles in der Welt mache dich durch Zudringlichkeit und Schwatzhaftigkeit nicht
lästig; sprich nicht ab, am wenigsten in
Dingen, die du nur halb kennst, und vor
Personen, die diese Dinge besser kennen.
Brüste dich nicht mit fremdem Witze; denn
selten bleibt die Quelle, aus der du schöpf-
test, verborgen. Martere niemanden mit der
hingeworfenen Erwähnung deiner vornehmen
Bekanntschaften. Führe nicht Urtheile be-
rühmter Männer in dem Tone an, als ob
es deine eigenen wären, selbst wenn du diesen Urtheilen beytrittst. Zeige deutlich, daß
du alles, was nicht dein Eigenthum ist,

verschmähest, und befolge auch in diesem
Puncte die Maxime rechtlicher Leute: „Lie=
„ber arm und ehrlich, als glänzend und
„verschuldet." Affectire auch nicht fremde
Manieren. Was an Andern gefällt, kann
dich unleidlich machen.

Auch die Vorzüge, Talente, Kenntnisse,
Verbindungen, 2c. deren du dich wirklich
rühmen könntest, rücke Niemandem auf. *)

---

*) Jemandem, der sich recht widerlich machen
wollte, würde ich rathen, allen Leuten seine ver=
meinten bessern Einsichten in die Aussprache und
Orthographie unaufhörlich aufzudringen. Wenn ich
einen solchen Reformator das P in Pflicht und
das einfache S in Stein aussprechen höre, oder
seine ortografischen Verbesserungen der Wörter
Jar, Son, u. dergl. mit ansehe, so zucken mir
immer die Achseln unwillkührlich in die Höhe. Man
weiß, wie sehr sich ein ehemals beliebter Jugend=
schriftsteller durch seine in spätern Jahren angenom=
mene Sprachreinigungswuth um die Achtung des Pu=
blicums gebracht hat. Bey ihm macht indessen die
Verachtung dem Mitleid Platz, seitdem er uns selbst

14 *

Bescheidenheit ist die Krone wahrer Ver=
dienste. » Es klingt unendlich schöner, wenn
die Leute sagen: „Man sieht es ihm gar
„nicht an, er spricht wie unser einer; er hat
„während eines langen Gesprächs seiner Werke
„auch nicht von ferne erwähnt;" als wenn
es heißt: „Beym dritten Worte erfährt
„mans schon, daß er in Paris gewesen ist,
„daß er ein Schriftsteller ist; daß er den Kö=
„nig gesprochen hat, daß ihn die und die
„Akademie zum Mitglied aufgenommen hat,
„daß er so und soviel Sprachen versteht,
„oder dergl." Daß mit dieser Bescheiden=
heit keinesweges ein Wegwerfen seiner Würde
nothwendig verbunden ist, sieht man leicht.
Es kann dem geistvollen Manne nicht an
Mitteln fehlen, sich gemeinen Schwätzern,
deren Gespräch ihm fade ist, zu entziehen;

berichtet hat, wie sehr Maßtaderstockung und
Sucht (Hämorrhoiden und Hypochondrie) auf seinen
Geist eingewirkt haben.

nur muß er sie nicht durch Stolz oder Grob-
heit verscheuchen wollen.

Der Grund, auf dem unser Wohlgefallen
an der Bescheidenheit der glücklicher Begab-
ten beruht, ist unsre eigne Schwäche, der
es wohlthut, wenn ihr, gleich schwachen
Augen, die gar zu blendenden Lichter entzo-
gen werden. Aus demselben Grunde lieben
wir die, die ihren Neid unterdrücken, und
nicht nach anderer Fehlern haschen, weil
wir von solchen hoffen dürfen, daß sie auch
von uns nur Gutes reden werden; die Aufrichtigen, weil wir uns vor ihrer Hinterlist
nicht fürchten dürfen; die Verschwiegenen,
weil wir ihnen ohne Furcht unsern Kummer
und unsere Freude, unsere Plane und unsere
Hoffnungen anvertrauen können. Nach diesen Tugenden also strebe gleichfalls, wer von
andern Menschen geliebt seyn will.

Laßt uns nun noch insbesondere die Lehren der Klugheit hören, die sie denen giebt, welche die Liebe im eigentlichen Sinne, sey es die eheliche, oder die zur Ehe führt, begehren. Man wird sagen: Liebe und Klugheit sind entgegengesetzte Dinge; denn die Klugheit verlangt Ueberlegung unsers Vortheils, die Liebe aber führt uns aus uns selbst heraus, und wenn wir schon wieder an unsern Vortheil denken, lieben wir nicht mehr: Das ist ganz richtig; aber eine rechte Klugheit wird hier dennoch ihren Platz behaupten können. Sie wird sich nämlich an die Thür des Herzens stellen, wenn die Liebe noch nicht eingegangen ist, und noch zu rechter Zeit untersuchen, ob sie herein kommen dürfe; und nur erst, wenn sie gefunden hat, daß die übrigen Eigenschaften des Mädchens, deren Schönheit uns zuerst gerührt, unserer Achtung würdig sind, wird sie sich zurück ziehen, und den Schauplatz willig und ganz der Liebe überlassen.

Aber werden nicht die wenigsten Heyra=
then bey uns von der wahren Liebe ge=
schlossen? Und gebührte nicht folglich in
allen diesen Fällen der Klugheit die erste,
wo nicht die einzige Stimme? Aber was
räth sie denn nun in diesem wie in jenem
Falle? Sie sagt: Prüfe dich, ob du im
Stande bist, die Neigungen und Bedürfnisse
der Person, die du heyrathen willst, von
welcher Art sie seyn mögen, vollkom=
men zu befriedigen; denn dies Unvermögen
ist die Haupturfach aller Ehebrüche. Prüfe
dich, ob jene Person zu deinen Jahren, deinem
Stande, deinem Charakter und deiner Lebens=
weise paßt; denn ist dies nicht, so werdet
ihr euch ewig fremd bleiben. Prüfe dich
ferner, ob du deiner Frau die nöthige Be=
schäftigung im Ehestande werdest geben kön=
nen; denn wenn der langen Weile Raum
bleibt, so fängt der böse Dämon schon sein
Spielwerk an. Siehe zu, ob du auch nicht
einer frühern Verbindung in den Weg trittst;

du wirst dann wenigstens einen schwereren
Stand zu behaupten haben. Erkundige dich,
welch eine Tochter dies Mädchen gewesen
sey; denn eben solche Gattinn wird sie auch
seyn. Ziehe einen rechtschaffenen Freund,
oder eine brave Frau zu Rathe, und ver=
achte vor allen Dingen das öffentliche Ge=
rücht nicht. Frage dich endlich aufrichtig,
ob du auch wohl der Mann seyst, der sich
für das Wohl einer Frau fortdauernd und
ausschließlich werde interessiren können, und
ob du nicht selbst zuerst erkalten möchtest.
Nach diesen Untersuchungen fasse deinen
Entschluß....

Alles, was die besten Menschen nur an
sich ziehen kann, Vertrauen, Achtung, Scho=
nung, gänzliche Hingebung, innige Theil=
nahme, Verschwiegenheit, Aufopferungen
aller Art — das muß dem ehelichen Bande
seine unverletzliche, ewige Heiligkeit geben. Hier
darf keine Theilung des Interesse; ja keine
Theilung der Gedanken seyn; das Geheimste

der Frau ist dem Manne, das Wichtigste
des Mannes der Frau kein Geheimniß.
Nichts darf der Eine ohne des Andern Vor-
wissen ausführen, als nur die Veranstaltun-
gen der Liebe, womit Eins das Andere über-
raschen will. Aber dennoch darf keine neu-
gierige Zudringlichkeit die Maske der zärtlichen Theilnahme mißbrauchen; eine Laune
des Mannes, in der er ungestört seyn will,
muß der Frau ein ehrerbietiges Schweigen
einflößen, und wiederum, wenn ihr der
Kopf heiß ist, darf der Mann nicht ihre
Theilnahme an seinen sehr heterogenen Geschäften verlangen. Verschiedene Meinungen erregen keinen Streit, denn jeder ist bereit, den
stärkern Gründen nachzugeben, und ein lebhafter Wunsch des Einen, wenn er nicht gar
zu unbillig ist, wird schon aus Liebe erhört.
Maulen und tückisches Nachtragen sind ganz
unbekannte Dinge; denn wenn sich einmal
ein ernsthafter Zwist erheben will, so bricht
der Mann plötzlich ab, läßt die Hitze ver-

rauchen, und hält ein Paar Stunden nachher
bey völliger Ruhe der Frau die Sache offenher=
zig wieder vor, ohne Groll oder Rechthaberey.
Die Irrende bekennt ihren Fehler eben so
freymüthig, und die herzliche Versöhnung
erfolgt. Wer das Regiment führt, wird nie
untersucht; ein jeder thut in seinem Departe=
ment seine Schuldigkeit, und selbst das ge=
meinsame Geschäft der Kindererziehung wird
von jedem nach seiner Weise betrieben.
Welche Weise aber die bessere ist, wird der
am besten erkennen, der die schlechtere hat,
an dem verlornen Ansehen nämlich, wegen
dessen glücklicher Behauptung er wider Wil=
len den Andern ehren muß. Controllirt nur
der Vater strenge und läßt in seiner Gegen=
wart keinen Unfug durchgehen, so kann die
Mutter nicht viel verderben; denn die Kin=
der merken selber bald, daß sie nicht die
letzte Instanz ist.

Nichts kann die eheliche Harmonie mehr
erhöhen, als ein edler Wetteifer, dem Gat=

ten durch Thaten zu zeigen, wie sehr man
das gemeinschaftliche Beste zu befördern
wünscht. Wie schön, wenn der Mann bey
seiner Nachhausekunft alles aufs reinlichste
und ordentlichste besorgt findet, und die ver-
ständige und thätige Hausfrau unter den
Mägden schalten und anordnen sieht; die den
überlegenen Ordnungsgeist derselben ehren,
und ihr gern gehorchen, weil sie lauter vernünftige und nöthige Befehle giebt. Welche
Freude, wenn er unter den Händen einer so
thätigen und klugen Wirthschafterinn sein
Hauswesen immer mehr gedeihen sieht,
wenn er durch ihre weise Sparsamkeit mit
wenigerem auskommen kann, als viele
andere, lange nicht so bequem lebende Ehe-
männer, wenn er sich endlich auf ihre Be-
rufstreue und ihren Verstand so sicher verlassen kann, daß keine Sorge für diesen
Theil der Geschäfte ihm etwas von der Zeit
und Laune rauben darf, die er seinem Amte
schuldig ist. Und auf der andern Seite:

wenn die Frau ihren Mann früh und spät
in seinem Berufe arbeiten sieht, und es dank=
bar erkennen muß: es ist für mich und
meine Kinder, daß er sichs so sauer werden
läßt; aus Liebe zu uns, uns anständiger zu
nähren, zu kleiden, zu versorgen, arbeitet er
so redlich, mehr als er nöthig hätte, und
immer mit Heiterkeit, eben weil es für uns
ist: welche Gefühle muß das nicht hervor=
bringen! Das macht das Glück so mancher
braven Familie im Bürgerstande, wovon die
vornehme Welt wenig ahnet, am wenigsten
die Damen, die sich bewußt sind, durch ihr
Vermögen ihre Männer erst zu Männern
gemacht zu haben, und die sich nun jede
Frechheit ungescheut erlauben, in dem Ver=
trauen, daß sie die Mittel in Händen haben,
den Mann zum Schweigen und zum Gehor=
sam zu zwingen.

In unsern höhern Ständen sind die Da=
men meistens nur die Maitressen ihrer Ehe=
männer. Sie haben nicht einerley Interesse

mit ihnen, sie halten sich ihre eigenen Zirkel, ihre eigene Bedienung, wohl gar ihre eigene Wohnung; sie gehen mit vielen andern Leuten wohl eben so freundschaftlich um, als mit ihren Männern; sie sprechen wohl gar mit Tadel von diesen zu Andern, beklagen sich über sie gegen Andere (das gewöhnliche Thema für die Hausfreunde); sie thun gar nichts für sie, wissen auch gar nicht einmal, daß sie eigentlich etwas für sie thun sollten; um die Kinderzucht bekümmern sie sich nicht, die Wirthschaft verstehen sie nicht; die Köchinn ist Regentinn: so bleibt für die armen Damen nichts übrig, als Schlafen, Putzen, Lesen, ein wenig Nähen und Stricken, Theetrinken und Medisiren. Und was hat der Mann von ihnen? Ein kleines Vergnügen, das er anderswo viel wohlfeiler haben könnte.

Doch weg von diesem traurigen Bilde! Wir haben noch ein Wort von der Eifersucht zu sagen. Da die Liebe dem menschlichen Gefühle das höchste Gut ist, so ist wohl nichts

natürlicher, als daß die Furcht, es zu verlie
ren, unendlich lebhafter seyn muß, als bey
jedem andern Gute. Wie ist es also möglich,
daß Liebe ohne Eifersucht bestehen könne? Wo
keine Eifersucht ist, da ist auch keine Liebe
(wiewohl nicht umgekehrt). Diese Gefährtinn
ist auch so übel gar nicht, wenn sie nur gehörig behandelt wird; ja die Weiber gestehen
es selbst, daß sie etwas Eifersucht an ihren
Männern sehr gern sehen. Lästig wird sie,
wenn sie in ein unwürdiges Mißtrauen ausar-
tet, wenn sie spionirt, stichelt, grollt oder
furchtsam schweigt. Ein vernünftiger Mann
wird nicht eher mißtrauen, als bis er Grund
dazu zu haben glaubt; dann aber sagt er es
offen, was ihn verdrießt, und was er einge-
stellt wünscht. „Eine unverhohlene, ernste,
doch sanfte Erklärung wird selbst eine leichtsinnige Frau oft noch zu rechter Zeit zu ihrer
Pflicht zurückführen, wenn sie schon geneigt
war, diese zu vergessen; wie denn überhaupt
die strengste Aufrichtigkeit, die durchaus keine

zweydeutigen Verhältniſſe duldet, ſondern alles
gleich klar ſehen will, viel Unfrieden im Keim
erſticken kann. Wahr iſt es, die Natur hat
den Weibern die Treue ſehr erſchwert, um ihres Hauptzwecks willen, ſo viel lebende We-
ſen als möglich hervorzurufen, und daher iſt
dem ſinnlichen Geſchlechte allerdings nicht ſehr
zu trauen. Aber eben deswegen ſollte eine
Frau, die es mit ihrem Manne wirklich ehrlich meint, auch alles thun, was in ihren
Kräften ſteht, um dies Mißtrauen gänzlich
von ſich abzuwenden.

Ein Paar Worte über die alte Klage, daß
die Weiber gar keine Grundſätze hätten, und
daß überhaupt gar nichts Gutes an ihnen ſey,
werden hier nicht am unrechten Orte ſtehen.
Zuerſt ſollte man glauben, müßte es ſchon a
priori undenkbar ſeyn, daß die Natur die eine
Hälfte des menſchlichen Geſchlechtes ſchlechter
als die andere gemacht haben ſollte. Dann
aber ſieht man bey näherer Betrachtung auch
leicht, aus welcher Quelle alle weibliche Untu-

genden fließen. Entweder nämlich aus dem
Geschlechtstriebe, oder aus der Begierde, vor
andern ihres Geschlechts hervorzustrahlen. Beide Triebe haben sie mit uns gemein, und was
den erſten betrifft, ſo wird nicht leicht eine
Frau die Befriedigung deſſelben auf unerlaub-
ten Wegen ſuchen, wenn ſie ſie von ihrem
Manne erhalten kann. Aber hier ſcheint die
Natur eine Ungerechtigkeit begangen zu haben,
indem ſie das Weib zu allen Zeiten, den Mann
dagegen nur ſparſam zum Beyſchlaf aufgelegt
und fähig gemacht hat. In Anſehung des
zweyten Triebes erſcheint der Mann deshalb
weit edler, weil er zur Befriedigung deſſelben
Arbeitſamkeit, Kunſtfleiß, Erfindungsgabe,
Kühnheit und Tapferkeit anwendet; das Weib
dagegen durch Putz, Verſchwendung, Schminke, Coquetterie und ähnliche Verächtlichkeiten
ihr Ziel zu erreichen ſucht. Aber was bleibt
ihr anders übrig, wenn ſie glänzen will? Wir
können ſie nicht tadeln, doch wird es uns erlaubt ſeyn, unſere Gattinnen aus den ſtillen,

arbeitfamen Familien zu wählen, in denen die Töchter nicht von Kindheit auf in glänzende Gesellschaften zur Schau geführt, sondern zur häuslichen Thätigkeit, zur Schamhaftigkeit und jungfräulichen Schüchternheit angeführt worden sind. Noch jetzt ist die beste Frau diejenige, von der man am wenigsten spricht, und der wirklich edeln Weiblichkeit ist nichts wunderlicher, als öffentlich zur Schau ausgestellt zu werden.

Das Weib ist ein Engel, wenn sie liebt; ein langweiliges Geschöpf, wenn zwischen ihr und uns aller Geschlechtsreiz wegfällt, und ein Teufel, wenn sie gezwungen ist, mit einem Manne, der ihr zuwider ist, in Gemeinschaft zu leben.

8.

Freundschaft.

Freundschaft ist das Lieblingswort aller
Jünglinge und Mädchen, die, im traulichen
Familienschooße aufgewachsen, das eigennü=
ßige Thun und Treiben der großen Welt noch
nicht kennen, und keine Ahnung davon haben,
daß Feindseligkeit gegen seines Gleichen der
Grundcharakter der menschlichen Natur sey.
Nachdem schon von Kindheit auf die Macht
der Gewohnheit ihnen diejenigen werth ge=
macht hat, mit denen sie gemeinschaftlich auf=
gewachsen sind, treibt besonders dann ein in=
neres Bedürfniß sie zur näheren Verbindung
mit einem Freunde, wenn das erste Liebesge=
schichtchen sich entsponnen hat, und das Herz
so voller Unruhe, so voller Seligkeit ist, daß
mans nicht allein tragen kann, sondern eines
Vertrauten bedarf, in dessen verschwiegenen

und theilnehmenden Busen man alle seine Ge=
heimnisse, sein Glück und seine Leiden aus=
schütten könne. Man erinnere sich seiner eige=
nen Jugend, und man wird finden, daß die
Periode, in der man den wärmsten Enthusias=
mus für die Freundschaft fühlte, auch die Pe=
riode der ersten Liebe war, und daß jener En=
thusiasmus eben auf diesem geheimen, süßen
Interesse beruhte. Fällt dies Interesse weg,
so erkaltet die Freundschaft allmälig; man
schätzt zwar in männlichen Jahren die alten
Jugendgenossen noch, aber das innere Leben,
das Poetische, ist aus diesen Verhältnissen ver=
schwunden. Menschen, die nur ihrem Geld=
erwerb nachgehen, nur Verbindungen suchen,
um höher zu steigen, glauben dann wohl gar
den rechten Kern der Weisheit gefunden zu ha=
ben, wenn sie die ganze Freundschaft für eine
Chimäre erklären, und den für einen Narren,
der sich auf sie verläßt.

Ist aber das Bedürfniß nach Mittheilung
vorzüglich dann in uns lebhaft, wenn irgend

ein wichtiges Interesse ünser Gemüth beschäf=
tigt, so wird es ja auch nach der Periode der
Liebe wohl wieder erwachen, wenn ein anderes,
wenn gleich minder starkes, Interesse an die
Stelle der letztern tritt. Und so finden wir es
ja auch wirklich. Auch bey dem Ringen nach
Ehrenstellen, bey dem Speculiren nach einem
Geldgewinn, ja selbst bey einer Diebsunter=
nehmung sucht man gern einen treuen Freund,
dem man seine Plane und seine Hoffnungen
anvertrauen könnte; allein, wo findet sich dazu
ein solcher, der nicht gern auch am Gewinn
Theil nehmen möchte? Hier also ist es offen=
bar der böse Neid, der jenem Interesse das
Gleichgewicht hält, und die reine, unbefan=
gene Mittheilung nicht zuläßt. Eben daher
steht auch die alte Wahrheit unumstößlich fest,
daß Fürsten keine Freunde haben können; sie
müßten denn aufhören wollen, Fürsten zu
seyn. Sie würden gar zu viel von ihrer Au=
torität verlieren, wenn sie das Feierkleid auch
nur vor einem einzigen ihrer Unterthanen ab=

legen sollten. «Die, Könige, die dies wirklich
gethan haben, sind auch nichts weniger als
Könige im eigentlichen Sinne gewesen. Fried=
rich hat es nie gethan.

x. Aber sollte denn kein Interesse mehr ge=
funden werden, das stark genug wäre, uns
zur Mittheilung zu reizen, und edel genug,
um den verhaßten Neid abzuhalten? Das
Kunstinteresse vielleicht! Aber ach, wo ist der
Neid größer, als eben unter den Künstlern?
Das Interesse für die Wahrheit! Aber wer
kennt nicht die Gelehrtenzänkereyen? Doch
wie? Läßt sich denn nicht zwischen zweyen
Männern ein gleiches Interesse für die Wahr=
heit oder Kunst, aber ein Verfolgen derselben
auf zwey verschiedenen Wegen denken, wo=
durch der Neid nothwendig ausgeschlossen wür=
de? Warum nicht? Und siehe da, hier ist
es wirklich; wo wir auch im männlichen Alter
noch wahre Freundschaft antreffen, unter Künst=
lern und Gelehrten nämlich, von denen jeder
einen andern Zweig der Kunst oder Wissen=

schaft bearbeitet, und die also Stoff genug
zu immer neuen und interessanten Unterhal-
tungen haben, (indem jeder an den Arbeiten
des Andern im Allgemeinen Theil nimmt, und
im Stande ist, sie zu beurtheilen,) von denen
aber keiner fürchten darf, durch des Andern
allzugroße Fortschritte in den Schatten gestellt zu werden. Auch zwischen Kunstgenos-
sen völlig gleicher Art kann einige Freundschaft Statt finden, wenn der Grundcharakter des Einen feurige Kühnheit, des Andern
bescheidene Furchtsamkeit ist. Alsdann thut
es dem Sanfteren nicht wehe, sich freywillig
vor dem Nebenbuhler zu schmiegen, und dem
Starken schmeichelt des Schwächeren Ergebenheit. Er traut ihm, eben um seiner Schwäche willen, und gesteht ihm unverhohlen seine
Vorzüge zu, weil er sicher seyn kann, daß
derselbe sie gegen ihn nicht mißbrauchen werde.
Freunde dieser Art waren z. B. Luther und
Melanchthon; idealisch hat uns Schiller in
seinem Carlos und Göthe im Egmont ein sol-

ches Verhältniß geschildert. Wenn nun gleich
hier eigentlich das Interesse für die Kunst
oder Wissenschaft die Freundschaft anknüpft,
so beschränkt sich doch die letztere bald nicht
mehr auf jenes Interesse allein, sondern sie
mischt sich auch gern in der Freunde anderwei-
tige Angelegenheiten, und der, der uns zuerst
durch seinen Sinn für unser Studium an sich
zog, wird uns bald auch als sicherer Theilnehmer und Rathgeber lieb, in dessen treuen Busen wir unsere übrigen Leiden, Hoffnungen
und Freuden ausgießen können.

Außerdem giebt es noch eine Menge Freunde, die man gute Freunde zu nennen pflegt;
wo das Gut soviel bedeutet, als beim Zucker
das Fein, nämlich die wohlfeilste Sorte.
Ihr gemeinschaftliches Interesse ist das der
Ressource, des Kaffeehauses, der Kegelbahn,
des L'hombrepots, des Theetisches oder de
Weinkellers. In Ermangelung eines höhere
ist es immer nicht zu verachten, und öfter

mag' auch wohl eine gute Freundschaft zu einer wahren geführt haben.

Auch nach dieser Theorie bewährt sich der alte Spruch, daß unter den Bösen keine Freundschaft Statt finden könne. Insofern nämlich Böse keine andern Menschen sind, als solche, die nur egoistische Zwecke verfolgen, der Zweck zweyer Freunde aber nur außerhalb ihres persönlichen Vortheils liegen kann, weil sonst der Neid sie auf der Stelle trennen würde: insofern sind Freundschaft und Egoismus unverträgliche Gegentheile.

Wie Freundschaft zu stiften sey, das zu frägen hieße die Klugheitslehre ohne Noth bemühen. Das Bedürfniß ist es ja, welches Freunde zusammenführt, und das innere Gefühl sagt einem jeden, wessen Umgang für ihn am besten passe. Das Sprichwort: Gleich sucht sich, Gleich findet sich, macht dem Beobachtungsgeist seines Erfinders Ehre; denn noch täglich bewährt es sich; und von dem Umgang eines Menschen auf seinen Geist und Charak-

ter zu schließen, ist kein unrichtiges Verfahren.
Wohl aber könnte es nützlich seyn, darauf zu
denken, wie man sich einen würdigen Freund
erhalten könne. Offenbar dadurch, daß
man das Interesse, das ihn zuerst zu uns
geführt hat, immer zu erhalten, ja wo möglich zu verstärken sucht. Trefflich sagt Göthe
in dieser Hinsicht:

Dieser ist mir der Freund, der mit mir Stre-
bendem wandelt.

Lädt er zum Sitzen mich ein, stehl' ich
für heute mich weg.

Soll mein Freund mich immerfort besu-
chen, so muß er auch entweder immer etwas
bey mir finden, oder mich geneigt wissen,
etwas von ihm anzunehmen. Wie der
Schmarotzer kalt vor dem Hause seines Gön-
ners vorüber geht, wenn dieser Bankerutt
gemacht hat, so bleibt auch der Freund der
Wissenschaft von mir weg, sobald er sieht,
daß nun nichts (wäre es auch nur eine heitere Stimmung) mehr bey mir zu holen ist.

Er kann seine Zeit offenbar besser anwenden,
und ich habe die Schuld seines Wegbleibens
lediglich mir selbst zuzuschreiben. Dieser Fall
kann aber nicht eintreten, wenn ich in mei=
nen Studien nicht plötzlich stehen bleibe, und
indem wir beide denken, handeln und beob=
achten, wird uns ja immer etwas aufstoßen,
worüber wir uns gegenseitig berathen, be=
fragen oder bestreiten können. Unfehlbar
werden die Freunde die wärmsten bleiben,
die sich nicht allzuhäufig sehen, während
ihres Beysammenseyns immer nur das Beste
aus dem Schatze ihres Kopfes und Herzens
für einander ausheben, und sich sogleich wie=
der trennen, wenn sie sich nichts erhebliches
mehr zu sagen haben. Das bloße träge Da=
sitzen in des Freundes Gegenwart ist diesem
nur lästig, (im Fall es nicht ein Kranker ist,)
und trägt nicht eben dazu bey, uns seine Ach=
tung zu erhalten. Schon den Ehemännern,
die ihren Frauen immer werth bleiben wollen,
wäre zu rathen, sich nie müssig in ihrer Ge=

genwart aufzuhalten, und sie auf der Stelle
zu verlassen, sobald sie ihnen nichts mehr zu
thun oder zu sagen haben. Nichts stimmt
unsere Achtung so schnell herunter, als das
Gewahrwerden der Indolenz und der Geistes-
schläfrigkeit. Solche Anfälle, die doch der
lebhafteste Kopf nicht selten hat, sollte man
seinen Freunden eben so behutsam verbergen,
wie gewisse körperliche Schwachheiten, durch
deren Entdeckung man an ihrer Achtung zu
verlieren fürchtet. — — — —

Freundschaftliche Verhältnisse werden ferner um so dauerhafter seyn, je delicater sie
von beiden Seiten behandelt werden. Der,
welcher seinem Freunde zumuthen kann, sein
Zahlmeister, sein Bote, sein Secundant in
mißlichen Fällen zu seyn, ist nicht werth, einen gefunden zu haben. Wahre Freunde
halten das Band der Freundschaft für zu gei-
stig und edel, um es durch Forderungen aus
dem Gebiete häuslicher Nothdurft zu entweihen, und gehen eher zum Juden, wenn sie

Geld brauchen, als daß sie ihren Freund eben
um seiner Freundschaft willen in Contribu-
tion setzen sollten. Es liegt auch in der Natur der Sache, daß das reine, uneigennützige,
freye Freundschaftsgefühl von dem Augenblick
an gehemmt ist, wie der eine Freund der
Schuldner des andern wird.

Zweytes Hauptstück.

Die Sittenlehre.

I.

Die vollkommenen Pflichten.

1.

Princip der vollkommenen Pflichten.

Nachdem wir in der Einleitung zu diesem Werke das Princip der Sittlichkeit festgesetzt haben, wollen wir sehen, wie sich die einzelnen Pflichten aus demselben herleiten laſſen. Vor allen Dingen wollen wir uns nach einer Hauptabtheilung derſelben um= ſehen.

Man verlangt von jedem, der in einem Concert mitſpielen will, daß er an ſeinem Theile aus allen Kräften zur Vollkommenheit der allgemeinen Harmonie beytrage, oder, wenn man ſehr nachſichtig ſeyn will, ſo ver= pflichtet man ihn wenigſtens, die Harmonie der Uebrigen nicht zu ſtören. Beide For= derungen macht auch die Moral an uns, und daraus entſtehen nun zwey Hauptclaſſen von Pflichten, negative und poſitive, oder, wie man ſie gewöhnlich nennt, vollkommene und unvollkommene. Beide wollen wir jetzt nach einander näher betrachten.

„Ich ſoll die allgemeine Harmonie nicht ſtören. Gut; aber was wird auf meine eine ſchwache Stimme ankommen? Sehe ich nicht Tauſende um mich her, die ſich um

diese Harmonie gar nicht kümmern? Und
doch besteht sie — so gut sie kann."

Allerdings besteht sie; aber durch wen?
Nicht durch die, welche so denken, wie du
jetzt sprichst, sondern die das Gegentheil aus-
üben, sey es mit Freyheit, oder weil sie dazu gezwungen werden. Sie würde aber gar
nicht bestehen können, wenn alle nach deiner
Maxime handelten, und daß noch in der
Welt so viel moralisches Elend existirt, ist
bloß denen zuzuschreiben, die deine Maxime
haben. Willst du also zu denen gehören,
deren Wegschaffung man um der allgemeinen
Harmonie willen wünschen müßte, oder willst
du nicht lieber die Partey derer vermehren,
durch deren pflichtmäßiges Handeln jene Harmonie erhalten wird? Da du nun siehst,
worauf es ankommt, solltest du nicht deinen
Ruhm darin suchen wollen, das aus freyem
Entschlusse zu thun, zu dem der Schlechte am
Ende doch mit Gewalt und oft selbst durch
seinen Eigennutz hingezogen wird?

daß? Aber wie erfahre ich denn, wodurch ich
jene allgemeine Harmonie, störe, oder nicht?"
? "Durch einen sehr einfachen Versuch. So
oft du im Begriff bist, eine Handlung zu
begehen, die auf deinen Nächsten einen Be=
zug hat, so frage dich nur zuerst: würdest
du damit zufrieden seyn, wenn dein Nächster
diese Handlung gegen dich beginge? Mußt
du dir diese Frage verneinen, so weißt du
deine Pflicht. Hieraus nun ergiebt sich fol=
gendes Princip für alle vollkommene Pflich=
ten: „Was du nicht willst, daß dir die
Leute thun sollen, das thue ihnen auch nicht."
Oder mit Kants Worten ausgedrückt: „Er=
laube dir nichts, von dem du nicht wollen
kannst, daß die Maxime dieses Handelns ei=
ne allgemeine Maxime für alle Menschen
werde."

2.

Achtung für fremdes Lebensgefühl.

Das allerwenigste, was ein Mensch von dem andern verlangen kann, ist wohl, daß man ihn leben lasse, mithin ist das allergröbste Verbrechen gegen die Gesellschaft dasjenige, wodurch wir die Lebenssicherheit aufheben; und mit Recht setzen die Alten daher den Tod auf die Ermordung eines Menschen. Aber auch jede körperliche Verletzung, wodurch man einem Andern Schmerz verursacht, oder ihn gar des Gebrauchs seiner Gliedmaßen auf eine Zeitlang, wo nicht gar auf immer beraubt, ist ein höchst strafbares Verbrechen. Die Schuld ist nicht viel geringer, wenn man, auch ohne die offenbare Absicht, jemanden zu beschädigen, doch etwas thut, das zufällig einem Menschen gefährlich werden könnte. Leichtsinnige, sorglose Leute haben

die Gewohnheit, Wagen und andere Geräthe
über Nacht auf der Straße stehen, tiefe
Gräben vor den Häusern, oder Fallthüren auf
dem Hausflur im Finstern offen und unbeleuch-
tet zu lassen, u. drgl. und sind dabey von der
Dummheit, Andern zuzumuthen, daß sie, weil
sie es wissen, es auch wissen sollen, daß man
da nicht gehen dürfe. In einer Straße von ***
machte im vorigen strengen Winter 1803 ein
Brauer alle Nächte durch das Ausschöpfen seines Wassers den Fahrweg so glatt, daß Menschen und Pferde verunglückten, und die Sack-
führer gar nicht mehr darüber weg kommen
konnten. Ein gegenüber wohnender Bürger
konnte zuletzt die Qual der armen Thiere nicht
länger mit ansehen, und ließ jeden Morgen
die frische Eisrinde mit Asche überschütten.
Doch das rührte den Brauer sehr wenig.

Wahrhaft herzerfreuend ist dagegen ein
in Chursachsen bestehendes Gesetz, daß jeder
Scheideweg im Lande mit einem Wegweiser
besetzt werden solle. Wer es weiß, mit wel-

chem Entzücken der verirrte Wanderer auf ei=
nen solchen Pfahl zueilt, der seiner langen
Angst ein Ende macht, und ihm, wo er sey,
belehrt, der muß den menschenfreundlichen Re=
genten segnen, der auch für die Beruhigung
des armen Pilgers- auf einsamen Felde oder
im dichten Walde sorgte, und in seinem Pallaste
an den irrenden Fremdling auf der Landstraße
dachte.

Aehnlich dem Verbrechen der körperlichen
Verletzung Anderer ist die die boshafte Be=
schränkung fremder Freyheit, und die lieblose
Verhinderung fremder Kräfte, in deren freyem
Gebrauch der Behinderte sich glücklich gefühlt
haben würde. Schon jede absichtliche Störung
einer frohen Empfindung Anderer ist unerlaubt
und niedrig. Der Leichtsinn oder die Bosheit,
mit welcher viele Menschen Andern eine Freu=
de verbittern können, schmerzt oft nicht weni=
ger als eine körperliche Verwundung, und ist
— wie auffallend es auch klingen mag,— nur
dem Grade nach vom Todtschlage verschieden.

16 *

Der Güte hat so viel Achtung für die Freuden
Anderer, als für ihr Leben, und auch wenn
er in diese Art von Freude gerade nicht mit
einstimmen kann, so zwingt er sich lieber zu
willig scheinender Theilnahme, als daß er sich
kalt zurückziehen, und dadurch die Andern
gleichfalls verstimmen sollte.

Niemanden sind wir wohl mehr Sorgfalt
in diesem Puncte schuldig, als denen, die sich
entweder aus Liebe oder aus Pflicht bemühen, uns gefällig zu seyn, und solchen, die
schon dadurch, daß sie von uns abhangen, im
Gefühl ihrer Freyheit peinlich beschränkt sind.
Es verräth wenig feines Gefühl, wenn ein
Großer, dem seine Unterthanen bey einer
feierlichen Gelegenheit durch irgend eine —
wenn auch armselige — Veranstaltung ihre
Liebe an den Tag legen wollen, über dergleichen gutgemeinte Bemühungen vornehm lä-
chelt, oder verächtlich hinwegsieht, oder sie
gar kalt zurückstößt. Bey dem kleinsten Ge-
schenke, das dir aus liebevollem Herzen ge-

macht wird, bey dem bloßen Bestreben, dir
eine Freude zu machen, zeige auch wirklich,
daß man diesen Zweck erreicht habe; weise die
Gabe nicht zurück, achte sie hoch um des guten Willens halben; und wenn sie dir wirklich
nichts nützen könnte, so ehre sie doch, im Anges
sichte des Gebers, damit nur dieser nicht, ans
statt fröhlich, traurig von dir weggehe. Bey
allem Ernst in deinem Betragen gegen Kins
der und Gesinde laß doch keines deine Laune
empfinden; suche nicht Anlaß zum Schelten
und Mäkln, noch weniger table sie dann,
wenn sie Lob verdient zu haben glauben. Bist
du kränklich, so suche denen, die dich mit Liebe
pflegen, auch mit Liebe ihre beschwerlichen
Dienste zu erleichtern; befiehl nicht unaufhörlich; behellige sie nicht mit dem, was du selber
noch verrichten könntest; fahre sie nicht an,
ja beunruhige sie nicht einmal durch finstere
Mienen. Denke, daß sie schon Gram und
Sorge genug um dich haben, und daß sie ja
gern hören würden, wenn du ihnen das, was

du mit Härte sagst, nur mit Sanftmuth sagen wolltest." Denke dich doch an ihre Stelle, wie würdest du solch Betragen empfinden?

"Es giebt noch eine Art, Andere zu drücken, auf die man gemeinhin zu wenig achtet, und wodurch man doch oft selbst solchen, denen man wohl will, sehr wehe thut. Bey der so äußerst ungleichen Vertheilung der äußern und innern Güter und bey dem jedem Menschen gleich tief eingepflanzten Selbstethaltungstriebe, der uns nicht bloß bey der Erhaltung im eigentlichen Sinne still stehen heißt, sondern uns von Stufe zu Stufe immer weiter treibt, und uns immer höhere Grade von Sicherheit zeigt, die noch zu erringen übrig sind: da ist es wohl ganz natürlich, daß uns der Anblick eines jeden, der eine höhere Stufe als wir erstiegen hat, uns nicht bloß unruhig macht, sondern uns sogar eine feindselige Aufwallung erregt. Dies letzte ist jedoch nur dann der Fall, wenn wir die nämlichen Ansprüche als jener zu haben glaubten, und

sein Glück nur einem ungerechten Zufall zu
rechnen. Bekanntlich heißt diese feindselige
Empfindung Neid. Man hat ihn unter die
Laster gezählt, und viel dagegen gepredigt;
aber wie in aller Welt ist es möglich, ein Gefühl nicht zu haben, das mit dem allerstärk-
sten unserer Triebe, dem Triebe der Selbsterhaltung, in so nothwendigem und nahem
Zusammenhänge steht? Ist denn nicht jeder,
der eigentlich unsers Gleichen war, aber nun
plötzlich weit höher gerückt ist, als wir, ein
gerechter Gegenstand des Unmuths für uns
geworden? Sollen wir denn nicht mit jedem,
der gleicher Natur mit uns ist, gleiche Rechte
fordern können? Diese vernünftige Idee liegt
jedem neidischen Gefühl zum Grunde, und
macht eben dies Gefühl noch unzerstörbarer.
Man kann daher mit der größten Sicherheit
behaupten, daß kein Mensch in der Welt ist,
noch je gewesen ist, der frey vom Neide war,
und daß diejenigen, die ihn am wenigsten
zu haben scheinen, nur die feinste Kunst an-

wenden, ihn zu bemänteln. In seiner größten Stärke zeigt sich dies feindselige Gefühl
bey dem weiblichen Geschlechte, weil alle Glieder desselben, von der Königinn bis zur Bauer-
dirne nur einerley Art der Bestimmung, die
Ehe, haben. Weil nun die Bedingung dieser
Bestimmung das Gefallen ist, so erregt jeder
Vorzug der Einzelnen den Haß des ganzen Geschlechts, und jede Bemühung, mehr als Andere zu gefallen, bald den Aerger, bald den
Spott der übrigen. Wo nur zwey Weiber
zusammen sitzen, da geht es auch bestimmt
über zehn andere her, und kein Bändchen und
keine Nadel bleibt von den Augen des Neides
unbemerkt, wodurch diese oder jene sich zu ver-
schönern gedachte. Doch nicht das schwächere
Geschlecht allein läßt sich vom Neide zu Ungerechtigkeiten reizen; selbst der größte Mann
unterliegt diesem feindseligen Gefühle, und
es äußert sich in ihm um desto heftiger, je
größer er ist. Wie viel Unruhe machte es
nicht dem armen Cicero, wie folterte es den

großen Pompejus, und späterhin den Neben=
buhler Karls V.? Leonhard von Vinci, dieser
große Künstler, verließ noch in seinem siebzig=
sten Jahre sein Vaterland, weil er die wach=
sende Größe Michel Agnolo's nicht ertragen
konnte. Der sonst so wackere Moriz von
Oranien war nicht eher ruhig, als bis er den
trefflichen Oldenbarneveld auf das Schafott ge=
bracht hatte, und der große Luther zeigte sich
sehr klein, als er Zwingli's größere Vernunft ge=
wahr ward. Was macht uns Voltairens Cha=
rakter so verächtlich, als der so schlecht unter=
drückte Neid, der ihn bis an sein Ende quäl=
te; und was ist der Grund aller Fehden, die
jetzt eben unsere schöngeisterische Welt ent=
zweyen, als Neid und schmerzlich stachelnde
Eifersucht?

Ist nun dies Gefühl so leicht zu entzün=
den, und raubt es uns wirklich so manche
frohe Stunde; wie sollten wir nicht darauf
denken, es Andern so sehr als möglich zu er=
sparen? Gefällt es uns nicht, wenn ein uns

überlegener Nachbar uns seine Vorzüge so we=
nig als möglich fühlbar macht, wenn er es
selbst zu gestehen scheint, daß das, was ihn
über uns erhebt, nur eine zufällige Gunst des
blinden Glückes gewesen sey, und daß er uns
gern denselben Vorzug mittheilen würde, wenn
ers vermöchte? Entzückt es nicht selbst Wei=
ber, wenn ein Mädchen von hoher Schönheit
so anspruchslos einhergeht, als wäre sie sich
dieses Vorzugs gar nicht bewußt; wenn sie
auch den minder Schönen Gerechtigkeit wider=
fahren läßt, und den Auszeichnungen, die sie
erfährt, so bescheiden ausweicht, als ob sie
ihr gar nicht gebührten? Ist uns dagegen
nicht peinlich und verhaßt der Vornehme, der
uns seine Geburt, der Kaufmann, der uns
sein Geld, der Gelehrte, der uns seine Be=
lesenheit immer und ewig aufrückt; der Star=
ke, der uns unsere Schwäche, der Geistvolle,
der uns unsere Blödigkeit schamvoll empfin=
den läßt? Wohlan dann, so wollen auch
wir auf unserer Hut seyn, daß wir solchen,

die wir in irgend einem Stücke übertreffen,
durch unsere Ueberlegenheit nie wehe thun.
Niemals müsse unsere Geburt, unser Reichthum, unser vorragender Verstand, unsere
Schönheit, oder sonst ein Vorzug uns zu einem übermüthigen Betragen, am allerwenig-
sten aber zu offenbarem Spott gegen Schlechtere verleiten; vielmehr wollen wir solchen,
die durch unsere Vorzüge von uns zurückge-
scheucht werden, Muth machen, indem wir
alles verleughnen, was sie drücken könnte.
Wie rührend ist es, wenn auch der Gemeinste
Mann von seinem Fürsten freudig sagt:
Man siehts ihm gar nicht an, daß er so ein
großer Mann ist. Er spricht, wie unser einer:
— Am schwersten ist der Stolze zu ertragen,
der sich mit seinem edlen Herzen brüsten will,
uns seine erhabenen Gesinnungen selbstgefällig
anpreiset, und mit seinen Wohlthaten ein Geräusch macht. Nichts Erfreuenders kann dagegen erdacht werden, als ein guter Mann,
der nie seine Maximen namentlich auskramt,

aber, sie, durch, jede, seiner Handlungen deutlich ausspricht; der, seine rechte Hand nicht wissen läßt, was die linke thut, und fast verwirrt erscheint, wenn man seinen geheimen Wohl= thaten wider seinen Willen auf die Spur kommt. Da die Bescheidenheit auch ein so vorzüg= liches Mittel ist, sich Andern beliebt zu ma= chen, und folglich auch die Klugheitslehre auf ihrer Seite hat, so giebt es wenig Pflichten, die man mit so großem Rechte vollkommene nennen könnte, als sie. — Aber, könnte jemand sagen, indem du mir Bescheidenheit zur Pflicht machst, verlangst du da nicht von mir etwas Unredliches? — Denn ist wohl Bescheidenheit etwas anders, als Verstellung, da doch kein Mensch umhin kann, sich der Vorzüge, die er vor Andern hat, unaufhörlich bewußt zu seyn? Zu sagen, daß auch der talentvollste Mensch Ursach habe, sich des Vielen zu schämen, was er nicht weiß, ist unstatthaft, da der Begriff des Viel und Wenig relativ ist, und das

Wenig, was z. B. ein Hugo Grotius oder Leibnitz wußte, ein ganz anders Wenig ist, als das, was ein fauler Schüler gelernt hat. Soll sich nun der wirklich Einsichtsvolle geflissentlich belügen, daß er auch diese relativ geringe Kenntniß nicht habe?

Die Antwort ist: Er soll sich seines Bewußtseyns in der Stille freuen, so wie der glücklich Liebende sein Glück verstohlen genießt; und seine Freude verbergen, um in keiner Seele Neid darüber zu erregen. Allerdings erfordert die erste Gewöhnung zur Bescheidenheit den Zwang der Verstellung; allein durch viele Uebung wird uns auch diese nützliche Heucheley zur andern Natur. Ein gutes Herz hilft die Sache erleichtern, und ist man erst in der Gewohnheit, so kann man fast nicht mehr begreifen, wie Andere so arrogant seyn können.

Einen Zwang ähnlicher Art, als die Bescheidenheit, erfordert die Unterdrückung der Schadenfreude, oder allgemeiner ausgedrückt,

der Freude an fremder Unvollkommenheit.
Leute, von Erziehung befleißigen sich dieser
Unterdrückung, um einer Regel des Wohl-
standes nachzukommen; aber es ist auch eine
rein moralische Pflicht. Kann man eine herz-
zerschneidendere Empfindung haben, als wenn
man in dem Augenblick, wo man ein Unglück
gehabt hat, einen schadenfrohen Zuschauer
laut auflachen hört, oder wenn man sich wegen einer Unvollkommenheit, der man sich
schon allzuschmerzlich selbst bewußt ist, von
einer gaffenden Menge bespötteln sieht? Wie
sollten wir also nicht Andern diesen schmerz-
lichen Zusatz zu einem Schmerze gern ersparen, und ihnen entweder Mitleid heucheln,
oder uns stellen, als hielten wir ihre Fehler
für keine, oder bemerkten sie gar nicht. Ich
sage heucheln, woran sich mancher stoßen wird.
Allein mehr kann von der menschlichen Natur
billiger Weise nicht gefordert werden; denn
die Schadenfreude ist, wie der Neid, ein aus
dem Selbsterhaltungstriebe gar zu natürlich

hervorgehendes Gefühl, als daß es reel be=
siegt werden könnte, und jener Franzose, der
die Bemerkung gemacht hat, daß in den Un=
fällen unserer besten Freunde immer etwas
liege, das uns nicht mißfalle, hat gewiß die
Erfahrung selbst der edelsten Menschen auf sei=
ner Seite.

3.

Achtung für fremde Ehre.

Von dem Augenblick an, da ein Haufe
zerstreut lebender Menschen sich in eine bür=
gerliche Gesellschaft vereinigt, erzeugt der
Selbsterhaltungstrieb das Ehrgefühl. Jeder
will nämlich das allgemeine Vertrauen für
sich erwecken, daß er ein nützliches Mitglied
der Gesellschaft sey; denn je mehr man ihn
dafür hält, desto sicherer ist seine bürgerliche
Existenz gegründet. Ihn in der Achtung
Anderer herabsetzen, heißt also das Funda=

ment seiner Existenz untergraben, und wie wehe
das thue, weiß jeder am besten an sich selbst.
So lebhaft du also wünschest, solcher Schmerzen entübrigt zu seyn, so gewissenhaft übe
die Pflicht: niemanden durch üble Nachrede
an seiner Ehre zu schaden, wenn nicht eine
höhere Pflicht es gebietet.

Was uns, trotz der einleuchtenden Nothwendigkeit dieser Vorschrift, so oft antreibt,
sie zu übertreten, ist derselbe feindselige Trieb,
der uns reizt, uns über unsers Gleichen zu
erheben. Da wir nämlich das letztere aus
eigener Kraft nicht immer können, so sind
wir schlau genug, die Andern zu uns her-
nieder zu ziehen, und das können wir gar
nicht besser, als wenn wir ihr Ansehen bey
Andern verringern. Und wunderbar ists an-
zusehen, wie sich da der böse Trieb geberdet,
um der Bestrafung unserer eigenen Vernunft
zu entgehen. Wir fangen ganz unschuldig
damit an, daß wir Andere loben, um uns
selbst überreden zu können, daß wir keines-

weges ungerecht zu Werke gehen wollen.
Dann kommen wir, ganz wie in der Ord=
nung, auch auf ihre Fehler, und sind ganz
besonders geschäftig, diejenigen zu entblößen,
von denen wir glauben, daß sie von Andern
noch nicht so bemerkt worden sind. Da kommt
unvermerkt ein Geschichtchen nach dem an=
dern zum Vorschein, dessen Vergessenheit der
Held derselben vielleicht jetzt um vieles erkau=
fen würde, und wird denen zu Ohren ge=
bracht, die vielleicht ohne dies Geschichtchen
jenem viel Gutes erwiesen haben würden.
Das wissen wir, aber wir bereden uns, es
geschehe dem gemeinen Besten zum Heile,
was doch nur eine süße Befriedigung unsers
feindseligen Triebes ist. Fragten wir uns
nur jedesmal, ob wir auch um des gemeinen
Besten willen denjenigen loben würden, der
ein kleines Versehen von uns an tausend Or=
ten dem Gespötte oder einer schonungslosen
Kritik Preis gäbe, so würden wir die Wahr=
heit wohl erfahren.

Vernünftige, d. h. auf einen würdigen
Zweck ausgehende Betrachtungen über die
Fehler Anderer anzustellen, kann natürlich
nicht für Ehrverletzung gelten; allein man
sieht leicht ein, daß so etwas nur unter Freunden, im edlern Sinne des Worts, geschehen
könne. Hätte sich jemand in den Ruf eines
festen Deterministen gesetzt, in dessen Augen
nichts Tugend und nichts Fehler ist, so würde ihm überhaupt keine Beleidigung seines
Nächsten, auch bey der strengsten Charakteri-
sirung desselben zur Last gelegt werden können. Aber auch an ihn läßt die Moral die
Warnung ergehen, in seinen Raisonnements
behutsam zu Werke zu gehen, etwas von seiner Kritik — der Liebe aufzuopfern, und vor
allen Dingen auf sich zu merken, ob nicht der
διαβολος, der sich in alles mischt, ihm unvermerkt auch philosophiren helfe.

Daß endlich die gröbste und unverzeihlichste
Verletzung fremder Ehre in offenbarer Ver-
läumdung bestehe, da man sich nicht entblödet,

erdichtete Beschuldigungen gegen Andere zu verbreiten, darf ich wohl nicht erst sagen.

4.

Achtung für fremdes Eigenthum.

Stehlen hält jedermann für schändlich, allein die Bequemlichkeitsliebe der Menschen, vermöge welcher sie gern viel Früchte für wenig Arbeit genießen möchten, ist viel zu groß, als daß nicht der größte Theil der Gesellschaft aus Dieben bestehen sollte. Es versteht sich, daß der böse Trieb auch hier wieder tausenderley Masken in Bereitschaft hat, die Vernunft zu berücken, und tausend glatte Worte, um sie wenigstens zum Schweigen zu bringen. Man borgt etwas, und bezahlt es nicht wieder; das heißt nicht gestohlen, und thut doch die nämlichen Dienste. Man sollte wohl eigentlich ein fremdes Eigenthum ausliefern;

allein es wird nicht darnach gefragt, wohl
endlich gar vergeſſen, und ſo behält mans
denn ganz heimlich, wo nicht mit gutem, doch
mit ruhigem Gewiſſen. – Man hat einen Gut-
müthigen, Unerfahrnen vor ſich, und richtet
ſich darnach mit dem zu fordernden Preiſe;
denn, denkt man, es kann ihn ja nicht ſchmer-
zen, weil er es doch nicht weiß, daß er wohlfeiler hätte wegkommen können. Man findet
etwas, deſſen Eigenthümer wohl leicht aus-
zuforſchen wäre; aber, denkt man: er mag
die Strafe für ſeine Unachtſamkeit leiden.
Man verhehlt einen fremden Betrug; weil
man Nutzen davon zieht; und ſagt nachher:
Bin ich doch nicht der Thäter; oder: warum
ließ jener Einfältige ſich betrügen? Man
nimmt einem Reichen, und denkt: er kanns
entbehren; er iſt ohnehin ſo geizig; wäre er
ein Mann, wie er ſeyn ſollte, ſo müßte er
mich eigentlich mit dem beſchenken, was ich
ihm jetzt heimlich nehme. – Man nimmt einem Betrüger, und glaubt gar, ein Werk

der Gerechtigkeit zu thun. Oder man nimmt
von solchem Eigenthume, das einer großen
Gesellschaft, oder wohl gar dem gesammten
Staate gehört, und tröstet sich damit, daß
doch eigentlich kein Einzelner darunter leide.
Allen diesen sinnreichen Leuten ließe sich sagen,
was jener Philosoph einem Diebe antwortete,
der sich damit entschuldigen wollte, er habe
nicht gewußt, daß das Gestohlene **i h m** ge-
höre: „Aber du wußtest doch, daß es **n i c h t.
d i r** gehörte.“

Aber fragt euch nur selbst, ihr Leichtsinnigen, ob ihr den Gedanken ruhig ertragen
könnet, von den Eurigen immerfort auch nur
an solchen Dingen bestohlen zu werden, die
ihr nicht gleich vermisset. Mancher würde
hierauf trotzig erwiedern: o, unser einer wird
allerdings oft genug betrogen, und darum
muß man sich an Andern wieder zu entschädigen suchen. Gut; aber an wem entschä-
digst du dich nun? An denen, die dir trauen,
die dich für edler halten, als daß du so ein

Schelm seyn könntest. Diese Unschuldigen
lässest du für die Gewissenlosigkeit Anderer
büßen. Ein schönes Verfahren! Eine ganze
Welt voll solcher Menschen würde nichts an=
ders als ein großes Diebeslager seyn.

Frage dich abermals: wie würdest du den
Mann verlangen, dem du deine weitläuftig=
sten Besitzungen anvertrauen wolltest? Nicht
wahr, so treu, daß er auch das kleinste an=
zurühren scheute, was ihm nicht gehörte?
Und wenn du nun einen solchen gefunden zu
haben glaubtest, nur mit der einzigen Aus=
nahme, daß er es mit den Sachen, die dem
Fürsten gehörten, oder aus einer öffentlichen
Kasse bezahlt wurden, nicht so genau genom=
men habe; würde dir das ganz recht seyn?
Oder würdest du nicht vielmehr denken: Wer
die Nothwendigkeit der Treue nicht so fest in
seinem Herzen fühlt, daß er sich irgend eine
Ausnahme mit leichterm Sinne erlauben kann,
der läßt in vorkommenden Fällen der Ausnah=
men wohl mehrere gelten? Nicht wahr, du

bist dieser Meinung? Nun so gehe hin, und handle selber der jetzt erlangten Einsicht getreu.

Eine heillose Sitte leichtsinniger Menschen, besonders von der vornehmern Klasse, kann ich hier nicht unerwähnt lassen, die wahrer Diebsstahl ist, ohne doch jemals dafür erkannt worden zu seyn, die Gewohnheit nämlich, geringere Leute, besonders Handwerker, die etwas bey ihnen zu thun oder von ihnen zu fordern haben, zehnmal unabgefertigt wieder wegzuschicken, oder so lange warten zu lassen, daß sie unterdessen ein anderes, höchst dringendes oder auch einträgliches Geschäft mit aller Bequemlichkeit hätten verrichten können. Diese schändliche Gewohnheit, die viele eben recht zum hohen Tone rechnen, um sich damit ein Ansehen zu geben, ist wirklich mit eine der drückendsten Lasten, die auf der arbeitenden Klasse der Menschen ruhen, und wer ihr diese abnimmt, thut ein rechtes Engelswerk. Wer da weiß, wie sorgfältig ein armer, aber fleis

ßiger Handwerksmann oder sonstiger Arbeiter
seine Viertelstunden zu Rathe halten muß, der
wird einem solchen keine ohne Noth verderben.
Man raubt ihm ja geradezu sein baares Geld,
wenn man ihm eine gute Stunde raubt. Sieht
man besonders, wie wenig solche Vornehm=
thuer durch solche Besuche eigentlich gestört
werden, und wie gleichgültig es ihnen gemein=
hin seyn könnte, ob sie den Armen jetzt oder
nach einer Stunde oder über acht Tagen ab=
fertigen, so kann man sich des gerechten Un=
willens schwer enthalten. Merkwürdig ist es,
daß sich kein Stand diese Ungerechtigkeit häu=
figer erlaubt, als der, welcher um der Ge=
rechtigkeit willen da ist, der Stand der Ju=
risten.

Als eine verstecktere Art des Diebstahls
kann ferner diejenige Bosheit betrachtet wer=
den, da man einzig aus feindseliger Neigung
jemanden verhindert, einen rechtmäßigen Er=
werb zu machen, geschehe dies nun durch Ver=
hetzung oder irgend ein anderes Mittel. Be=

fonders macht sich die Rachsucht eine Freude daraus, fremde Plane zu vereiteln; aber es ist ganz klar, daß es völlig einerley ist, ob man jemandem ein Gut stiehlt, das er schon hat, oder ihm die Mittel entreißt, ein andes res, das ihm nahe war, zu erreichen.

.. Um nie in die traurige Nothwendigkeit zu-gerathen, von fremdem Eigenthume leben zu müssen, hat jeder junge Mensch früh dars auf zu sehen, daß er sich ein Talent erwerbe, welches ihn berechtige, seine Erhaltung von der Gesellschaft mit Sicherheit zu erwarten. Dies führt nun auch für jeden gewissenhaften Vater die Pflicht herbey, seinen Sohn mit beständiger Rücksicht auf ein künftiges Gewers be zu erziehen, und ihn, wenn er nicht aus eigener Neigung zu bewegen ist, sich irgends wo zu fixiren, mit aller Kraft der väterlichen Autorität dazu anzuhalten. Ob der Vater die Lebensart des Sohnes bestimmen dürfe, wird an einem andern Orte untersucht werden.

5.

Achtung für die Gemüthsruhe Anderer.

Da nach dem, was ich in der Klugheitslehre von der Gemüthsruhe gesagt habe, dies
Gut zu den schätzbarsten gehört, welche der
Mensch haben kann: so darf die Moral wohl
mit Recht die Forderung an uns thun, dies
Gut in jedem, bey dem wir es finden, zu
ehren, und weder aus Leichtsinn noch mit Absicht etwas zu thun, wodurch ihm daſſelbe verletzt werden könnte. Mit Recht verbirgt man
also einem Kranken die Gefahr, in der er
schwebt, und die keine Heucheley, daß er
recht wohl aussehe; daß er sich sichtlich beſſere,
und dgl. wird uns nicht als Lüge angerechnet,
weil jeder wünschen muß, in einer ähnlichen
Lage eben so liebreich-lügnerische Freunde zu
haben, die das süße Gefühl der Hoffnung
noch so lange in ihm nähren, als Bewußtseyn

und Leben in ihm sey. Der junge Mann,
der in der großen Welt und in den Werken
der aufgeklärtesten Weisen eine andere Philo=
sophie gefunden hat, als die ihm sein gut=
müthig beschränkter Vater unter dem stillen
Dache des ländlichen Pfarrhauses eingeflößt
hatte, wird, wenn er nun zu dem guten
Greise zurückkehrt, ihm zu Liebe seine neuere
Ueberzeugung schonend verbirgt, und die frü=
here erheuchelt, um dieser Schonung willen
kein Falscher zu schelten seyn; denn wer möchte
ihn lieber wahr wünschen und des ehrlichen
Vaters Bekümmerniß sehen, daß sein einzi=
ger Sohn, die Freude seines Alters, in so
gottlose Hände gerathen und zeitlich und ewig
verloren sey? Fontenelle meint sogar, man
müsse einem Ehemanne die Untreue seines Wei=
bes verschweigen; allein hier spricht der Fran=
zose aus ihm, der von der Heiligkeit der Ehen
keinen Begriff hat; ja er gründet diesen Rath
nicht einmal auf die Gemüthsruhe, die da=
durch verletzt würde, sondern auf die Zweck=

losigkeit jener Entdeckung, und erbaut darauf
den trefflichen Satz, der des Eigennutzpredi-
gers vollkommen würdig ist: eine Lüge sey
erlaubt, wenn die Wahrheit keinen Nutzen
bringen würde.

Gewisse Ideen, Grundsätze und Hoffnungen, die uns von Kindheit auf durchs
Leben begleitet, uns manchen Trost gegeben
haben, und gleichsam mit uns grau geworden
sind, haben zuletzt einen Werth und eine Heiligkeit für uns, der nichts in der Welt gleich
kommt, und derjenige, welcher sie, aufge-
bläht von neuer Weisheit, zu erschüttern versucht, wird desto heftiger von uns verabscheut,
je stärker seine Waffen, und je bekannter seine
Geschicklichkeit ist. Diesen Abscheu eines ehrwürdigen Greises nicht zu reizen, halte doch
lieber deine Meinungen bescheiden zurück, und
ehre das Alter. Aber auch die Einfalt störe
nicht in dem, was ihr wohlgefällt, wenn du
doch die Macht nicht hast, die beunruhigten
Gemüther durch die völligste Ueberzeugung von

der Richtigkeit deiner Meinung wieder zu
befriedigen. Fliehe die Eitelkeit, die auf Ko=
sten fremder Gemüthsruhe weise scheinen will,
und mußt du von Amts wegen einen beschränk=
ten Kopf belehren, so knüpfe deinen Unter=
richt an die ihm geläufigen Meinungen an.
Es macht dir keine Schande, zu ihm herun=
ter zu steigen, und dein Gewissen darf dich
nicht beunruhigen; denn wenn ein wahrhaft
weiser Mann dir zuhörte, so würde er dich
loben müssen, daß du so klüglich verfahrest,
und zu dem guten Zweck die leichtesten
Mittel wählest. *)

---

*) „Aber der Zweck heiliget ja nicht die Mittel.
Conferatur Crispinus!“ Mit keinem Satze ist viel=
leicht mehr Unfug getrieben worden, als mit diesem.
Crispin that dem Einen Böses, um dem Andern Gu=
tes thun zu können, und das war Unvernunft. Aber
wie, wenn er einem recht geizigen Lederhändler,
der selber mit zerrissenen Schuhen gegangen wäre,
und sich nicht getraut hätte, sein eigenes Leder an=
zugreifen, aus wahrer Liebe zu ihm von diesem sei=
nem Leder etwas entwendet, und ihm davon heim=

Man wird jedoch leicht einsehen, daß Accommodationen dieser Art 'nur in einzelnen Fällen Statt finden können', und da verwerflich sind, wo durch sie der Fortschritt der Aufklärung im Ganzen würde aufgehalten werden. Der Schriftsteller also, der für die Weisesten seiner Nation schreibt, und in die Erziehung des Menschengeschlechts eingreift, darf, wenn er wirklich neue und wichtige Wahrheiten zu entdecken hat, die Angst der Schwachen und das Geschrey der Orthodoxen nicht berücksichtigen. Wirklich beleidigt er auch diese nicht so sehr; denn er wendet sich ja nicht ausdrücklich an sie, er läßt ihnen auch den

lich ein Paar Schuhe gemacht hätte; so daß der Geizige wider seinen Willen im Winter gewärmt und gekleidet, und von allen Krankheiten, die aus nassen Füßen entstehen konnten, frey geblieben wäre? Hätte dieser Zweck das Mittel nicht geheiligt? Ich dächte, in diesem Falle, und nicht in dem gewöhnlich gesetzten, wären alle Prediger, die sich nach dem Volksglauben (der mit jenem Geize des Lederhändlers sehr nahe verwandt ist) bequemen müssen.

Trost, daß die Wahrheit endlich doch die Ober=
hand behalten werde; und hat er in der That
zu frey, d. h. zu unerweislich geschrieben, so
erreichen sie wirklich ihren Wunsch, und der
junge Weltentdecker wird verlacht und verges=
sen. Was er dagegen richtig geahnet hat, wird
die jüngere Welt auffassen und zur Reife brin=
gen, und kein Schreien der Alten wird den
Strom der Aufklärung hemmen können, der
nach der Weise aller Ströme, im Fortgehn
wächst, immer breitere Betten verlangt, und
sich nie anders einzwängen läßt, als um dafür
desto gewaltiger hinabzustürzen.

6.

Achtung für die Wahrheit.

Jedermann möchte gern vertrauen, und
zu einem Arkadien, wie die des wirklichen Le=
bens überdrüssige Seele des Dichters es sich

tenkt, gehören vor allen Dingen Bewohner
von so ungeheuchelter Einfalt der Gesinnun=
gen und von so zuverlässiger Treue, daß man
nie der Vorsicht oder des Mißtrauens bedürfte,
sondern auf jedes andern Wort so fest wie auf
das eigene bauen könnte. Aber es ist in der
That sehr niederschlagend, wenn man sieht,
wie wenig Achtung auch die besten Menschen
für die Wahrheit haben, wie leicht sie die
Uebertretung dieser Pflicht bey sich zu entschul=
digen wissen, und wie wenig man sich, in
Vergleich mit andern Lastern, dieser Untugend
zu schämen pflegt. Wahr ist es, die einzel=
nen Vergehungen gegen die Pflicht der Wahr=
heit sind nicht selten in ihren Folgen unbedeu=
tend; allein welch ein löcherichtes Gewebe
würde die Moral werden, wenn die muthmaß=
lich keinen Folgen einer Handlung uns jedes=
mal zu einer Ausnahme von dem Gesetze be=
rechtigen sollten! Darin besteht ja eben die
Vollendung eines Charakters, daß man einem
einmal als nothwendig erkannten Gesetze in

allen, und eben in den kleinsten Fällen
consequent handelt; denn für die' großen bewahrt uns allenfalls schon die Furcht vor der
gerichtlichen Bestrafung. Und wenn ich in einer vorkommenden, mir höchst wichtigen An-
gelegenheit einen Mann suchte, auf den .ich
mich auf das Vollkommenste verlassen könnte:
so würde ich ganz besonders darnach forschen,
ob er auch in Kleinigkeiten zuverlässig sey;
mit einem Worte, ob es ihm zur andern
Natur geworden sey, ohne' alle Ausnahme
die Wahrheit zu sagen, und sein' gegebenes
Wort heilig zu halten.

· Liebe ich nun diesen Charakter an Andern,
wie' sollte ich mich seiner nicht selbst aus
allen Kräften befleißigen? Wohlan dann, so
will ich niemals, unter keiner Bedingung etwas sagen, das meiner innern Gesinnung
.und Ueberzeugung geraden Weges zuwider wäre,
und niemals etwas versprechen, das ich nicht
pünctlich und gerade zu der festgesetzten Zeit
zu erfüllen.im Stande seyn sollte. So soll

man mich kennen lernen, und es soll mein
Stolz seyn, nie in meinem Leben unwahr
erfunden worden zu seyn. — Wahrlich, wer
dieses Vorsatzes Meister wird, hat den größ=
ten Schritt zur Tugend gethan, und man
wird ihm, sobald man ihn von dieser Seite
kennt, nun auch willig jedes andere Gute zu=
trauen.

Aber woher denn in aller Welt die unge=
wöhnliche Seltenheit dieser Tugend? Wir
wollen dieser Frage näher nachgehen, denn
unstreitig wird ihre vielfache Beantwortung
uns eben so vielfache Warnungen an die Hand
geben, den Versuchungen zur entgegengesetzten
Untugend auszuweichen.

Am häufigsten wird wohl aus Furcht ge=
logen, wenn man sich nicht getraut, das, was
man gethan hat, oder noch thun will, öffent=
lich zu verantworten. So hat also jede Ueber=
tretung der Pflicht die Lüge in ihrem Gefolge;
kein Wunder, daß diese so häufig angetroffen
wird. Eine Hauptregel, wie man immer

wahr bleiben "könne, wäre demnach die:
"Thue nichts Böses, so wirst du nicht nö=
thig haben, Entschuldigungen zu erlügen."

Eine andere Veranlassung, Unwahrheiten
zu sagen, hat man, wenn man nach Dingen
gefragt wird, die man entweder nicht sagen
darf, oder zu deren Erforschung man den
Frager nicht berufen glaubt. In jenem Falle
glaubt man sich oft nicht besser aus der Ver=
legenheit ziehen, in diesem, den Vorwitzigen
nicht besser bestrafen zu können, als indem
man die Sache anders angiebt, als sie ist.
Ich zweifle, ob der besonnene und gerade
Mann jemals nöthig haben wird, den Einen
zu täuschen, um dem Andern treu zu seyn.
Hat er etwas zu verschweigen, so läßt sich
nicht selten das Gespräch so leiten, daß die
gemeinte Sache gar nicht berührt werden
kann; oder er beträgt sich von Anfang an so,
daß man gar nicht ahnet, er könne wohl von
der Sache wissen; ja in vielen Fällen wird
es ihm keinen Schaden bringen, wenn er ge=

18 *

radehin erklärt, daß er für das Geheimniß
verantwortlich sey, und es unter keiner Bedingung verrathen dürfe. Das Aufheften er-
dichteter Geschichtchen, in der Absicht, sich über
Andere lustig zu machen, wohin z. E. das
Aprilschicken gehört, ist schon nach einem oben
angeführten Gesetze unsittlich, das uns verbietet, Schwächere durch die Vorhaltung ihrer
eigenen Einfalt zu betrüben.

Ungemein viel wird ferner aus Leichtsinn
gelogen. Der elenden Schwächlinge zu geschwei-
gen, die immerfort Geschichten erdichten, um
nur etwas zu erzählen zu haben, ist dies besonders der Fall mit allzuvoreilig gegebenen
Versprechungen, die man entweder in der Hoffnung ausstellt, es werde sich ja zu seiner Zeit
die Gelegenheit zum Worthalten, die jetzt
freilich noch nicht abzusehen ist, wohl finden;
oder die man als Nothhülfen braucht, um
gewisse lästige Forderungen für diesmal von der
Hand zu weisen, wohl wissend übrigens, daß
man zu der versprochenen Zeit so wenig als

jetzt sein Wort werde halten können, ja ent=
schloffen vielleicht, nie und nimmer Wort hal=
ten zu wollen. Dieserley Menschen gehören
fast zu den verächtlichsten von allen, und die
zuletzt genannte Art mag man wohl verworfen und
nichtswürdig nennen. Eigentlich liegt Furcht
ihrem Vorfahren zum Grunde. Sie haben
nicht das Herz, gerade heraus zu sagen, was
sie thun wollen, und suchen die Geduld ihrer
Gegner durch fortgesetztes Aeffen zu ermüden.
Bedauernswürdig ist der, welcher mit solchen
Elenden zu thun hat. Keine sichere Hoffnung
darf er auf einen noch so rechtmäßigen, noch
so sauer erworbenen Gewinn bauen; denn der,
welcher ihm denselben auszahlen soll, ist ein
Mensch ohne Treue und Glauben. Kein ernst=
haftes Geschäft darf er unternehmen; denn
auf den, der ihn dabey unterstützen soll, kann
er sich nicht verlassen. Die besten Plane
scheitern oft aus diesem Grunde. Man darf
sich auf nichts zu einer bestimmten Stunde
freuen, wenn der, von dem man diese Freu=

de erwartet, ein leichtsinniger Mensch ist.
Mit einem Worte, man sieht sich jeden Augenblick getäuscht, aufgehalten, im Stich gelassen, und in seinen liebsten Planen und
Wünschen gestört.

So nahe solche Erfahrungen uns selber
die Pflicht der Wahrhaftigkeit und Pünctlichkeit legen sollten, so wenig wirken sie doch bey
den meisten Leichtsinnigen dieser Art. Es
giebt Menschen, die es in dem Nichterfüllen
der allerheiligsten Versprechungen zu einer Art
von Virtuosität gebracht haben, die sie eigentlich selbst bewundern müßten, da sie gewöhnlich bey jedem neuen Versprechen den Vorsatz
zu fassen pflegen, diesmal nun ganz gewiß
ihr Wort zu halten, und dann endlich zu ihrem Erstaunen sehen, daß die Sache so wenig
jetzt, wie immer möglich war. Schwächlinge,
die niemals ihr verflossenes Leben mit Freu-
digkeit betrachten, niemals ihren Freunden und
Bekannten ohne Erröthen ins Auge sehen können!
Wie bewahrt man sich am besten vor diesem

verächtlichen Charakter? Zuerst, indem man
genügsam ist, und dadurch die köstliche Unab¬
hängigkeit von dem Erbarmen anderer Men¬
schen fest bewahrt. Dann: indem man sich
vor dem ersten Schritte hütet. Hat man sich
einmal durch eine Lüge glücklich Luft gemacht,
so versucht man das leichte Mittel gewiß bald
wieder, und je länger man das Worthalten
aufschiebt, desto schwerer wird es zuletzt.
Ferner mache man es sich zum unverbrüchli¬
chen Gesetze, nichts vorher zu bestimmen, wo¬
von man nicht gewiß seyn kann, daß man
die Erfüllung zu rechter Zeit vollkommen in
seiner Gewalt haben werde; man gewöhne
sich also, ein Gewicht auf seine Worte zu le¬
gen, und keines entwischen zu lassen, bey dem
man nichts ernstliches gedacht hat. Zu unmög¬
lichen Dingen wird uns ja ohnehin kein bil¬
liger Mensch verpflichten. Was thut es also,
wenn man auch einmal geradehin gestehen
muß, man sey nicht im Stande, dies oder
jenes Verlangen zu erfüllen, oder dies und

jenes Geschäft in einer verlangten Zeit abzu=
thun? Der Vernünftige wird uns loben,
wenn er unsere Vorsicht bemerkt, und uns
um so mehr vertrauen, je deutlicher er sieht,
welch ein Ernst es uns mit der Gewissenhaf=
tigkeit sey; und wer etwas bey uns sucht,
wird weit zufriedener von uns gehen, wenn
wir ihm entscheidend die Unmöglichkeit erklärt
haben, ihm zu helfen, als wenn wir aus zu
großem Streben, allen gefällig zu seyn, ihn
mit unsichern Erwartungen von einem Termi=
ne zum andern hingehalten haben.

Dies sollten sich besonders diejenigen Per=
sonen aus den höheren Ständen gesagt seyn
lassen, deren Verwendung, ihres Einflusses
wegen, häufig von Bittenden gesucht wird.
Lieber bestimmt abgeschlagen, als unbestimmt
vertröstet, und vor allen Dingen niemals eine
Hoffnung erregt, die man nicht gewiß erfüllen
kann. Vorzüglich lieblos ist es, Leute, die
für uns gearbeitet haben, über den festgesetzten
Termin hinaus ohne Bezahlung zu lassen. Auch

die Handwerker haben es sehr an sich, ihre Arbeiten zu jeder beliebigen Zeit zu versprechen, wenn sie gleich noch so viel anderes auf sich haben, daß sie unmöglich damit fertig werden können. Sie fürchten aber, man werde, wenn sie die Wahrheit sagten, die Arbeit anders= wo bestellen, und um dies zu verhindern, spielen sie absichtlich den ärgerlichen Betrug. Aber sie schaden sich damit nur selbst; denn wer ihre Sitte kennt, geht nicht leicht wieder zu ihnen; dagegen man dem aufrichtigen Manne, der die Unmöglichkeit des Geforderten frey bekennt, gern von selbst einen längern Ter= min zugesteht.

Noch eine hassenswürdige Gewohnheit ist solchen Leichtsinnigen meistens eigen. Anstatt nämlich die gegebenen Hoffnungen ohne alle Rücksicht, bloß darum, weil man sie einmal gegeben hat, zu erfüllen, fangen sie an, über die Rechtmäßigkeit und Nothwendigkeit dieser Hoffnungen bey sich selbst zu raisonniren, und

weil sie dann oft auf das Resultat kommen,
daß das, was der Andere von ihnen verlangt
hat, gar nicht so nöthig und nützlich sey, so
glauben sie darum auch nicht so dringend zur
Gewährung dieses Verlangens verpflichtet zu
seyn. Aber nichts unstatthafteres kann wohl
erdacht werden, als solche Kritik fremder Wünsche. Will man sie anstellen, so thue man
dies noch in Gegenwart des Wünschenden,
damit sich dieser darnach richten kann; nicht
aber nachher, wenn alles verabredet ist, und
jener nun sicher glaubt, das Versprochene werde
zu rechter Zeit in Erfüllung gehen. Wie kannst
du wissen, was mir nöthig oder entbehrlich,
wichtig oder unwichtig ist? Und was hast
du für ein Recht, meinem Gefühle vorzu-
schreiben, was es kalt erwarten oder heiß er-
sehnen, oder wessen es sich gänzlich verziehen
soll? Ein kleiner Umstand, der dir gleichgültig scheint, spannt oft meine glühendste Er-
wartung; ein unbedeutendes Ding, das mir
zu einem Zwecke dienen soll, den du nicht

weißt, macht mich aufs Aeußerste ungeduldig; eine Stunde, die du mir bestimmtest, und die ich deinetwegen dringenden Geschäften ab, brach, geht mir nun verloren; ich sitze und warte, und zähle die Minuten, da du kommen oder das Verlangte schicken wirst: und unter, dessen hast du zu Hause guten Frieden, denn du bist überzeugt, die Sache werde ja so nö, thig nicht seyn. — Theseus Vater hatte mit dem Schiffer, der den Helden zum gefährli, chen Kampfe mit dem Minotaur nach Kreta überfahren sollte, verabredet, bey seiner Heim, fahrt statt der schwarzen die weiße Flagge auf, zustecken, wenn der Streit glücklich abgelau, fen sey, damit man schon von weitem von der Spitze des attischen Vorgebirges die frohe Bot, schaft erfahren könne. Der Schiffer, weit entfernt, sich die Sehnsucht des Vaterherzens vorzustellen, hielt die Bitte nicht so wichtig, oder unterfing sich wohl gar, sich mit dem al, ten Manne durch Ueberraschung sein Fest zu machen; genug er ließ die Trauerflagge an dem

Maſt, und der erſchrockene Greis ſtürzte ſich verzweifelnd ins Meer hinab.

Eine oft aufgeworfene Frage darf hier nicht übergangen werden, nämlich die, ob Nothlügen erlaubt ſeyn können. Damit kann nichts anders gefragt werden, als: ob es Colliſionsfälle geben könne, in denen die Pflicht der Wahrhaftigkeit einer höhern weichen müſſe. Und wie ſollte es das nicht? Geſetzt, Theſeus wäre in Kreta ermordet worden: wer würde es dem Schiffer zum Vorwurf gemacht haben, wenn er aus Schonung für den zärtlichen Vater dennoch die weiße Flagge aufgeſteckt, und die Athener auf einige Stunden getäuſcht hätte? Wer könnte den tadeln, der ſeinen unſchuldigen Freund, der in ſeinem Hauſe Zuflucht geſucht, den blutdürſtigen Verfolgern verheimlichte? Wer möchte nicht vielmehr in einer ähnlichen Lage ſich ſelbſt einen ſolchen Freund wünſchen? Eben ſo wenig kann die behutſame Unterdrückung eines fremden Fehltrittes, deſſen Bekanntwerden einem übrigens guten Menschen vielleicht unübersehbaren Nachtheil gestiftet hätte, dem edlen Unterdrücker als eine Verletzung der Pflicht angerechnet werden. Die natürlichste Regel, die sich für solche Fälle darbietet, ist die: Wähle diejenige Handlung, zu welcher dich im Augenblick des Handelns das reine Gefühl der Liebe am dringendsten auffordert. Nur daß Eigennutz oder Furcht nie den Ausschlag gebe!

7.

Achtung für fremde Sittlichkeit.

Die Nothwendigkeit dieser Pflicht wird man zwar dem Unsittlichen aus dem Princip aller vollkommenen Pflichten nicht recht begreiflich machen können; allein er wird doch wünschen müssen, daß das, was er sich gern als eine Prärogative vorbehalten möchte, ja nicht allgemein verstattet werde. In so fern

sieht man wirklich oft Schelme oder Wollüst-
linge in Gegenwart unschuldiger junger Leute
von ihren Streichen schweigen, und solch ein
Schweigen könnte einen großen Theil ihrer
früheren Schuld tilgen. Traurig genug, daß
Leichtsinn, Mangel an Erziehuug oder böses
Beyspiel so manchen zur Unsittlichkeit hinriſſen,
und schlimm genug für einen solchen, daß
der Besitz der Tugend einmal für ihn verloren
ist. Muß er das Uebel noch vermehren, das
durch daß er sich absichtlich in der heranwachsenden Jugend Nachfolger auf der Bahn des
Lasters erzieht?

Die Pflicht, von welcher hier die Rede ist,
kann nur solchen eingeschärft werden, die zwar
selbst nicht Kraft genug zur steten Hervorbringung sittlicher Handlungen haben, aber in
ruhigen Stunden doch vernünftig genug sind,
die Nothwendigkeit des Sittengesetzes einzusehen. Solche kann man nicht dringend genug
bitten, doch wenigstens nur auf ihre eigene
Hand zu sündigen, und nie die Unschuld zu

Theilnehmern, Zeugen oder Zuhörern ihrer
Untugenden zu machen. Wer kann es über:
sehen, zu welchem Brande sich der leichtsinnig
ausgeworfene Funke entwickeln werde; über
wie viel andere Häuser er sich erstrecken, und
wie lange in die tiefe Zukunft hin dies Feuer
fortwuchern werde? Wie ein Greis an seiner
goldnen Hochzeit mit eigenem Erstaunen die
hundert Kinder, Enkel und Urenkel überschaut,
die ihm ihr Daseyn verdanken, so erstaunens:
würdig, aber nicht so herzerfreuend müßte es
seyn, wenn ein einzelner Bösewicht die ganze
Descendenz der Elenden um sich her versam:
meln könnte, die theils seinem Beyspiele,
theils seiner Ueberredung den Sinn für das
Laster verdankten, der sie jetzt für die gute
Sache der Menschheit verloren gemacht hat.
Wer kann es berechnen, um wie viel ein ein:
ziges, leichtsinnig geschriebenes Buch die Sum:
me der jetzt herrschenden laxen Grundsätze
erhöht hat, und wie viele andere Schrift:
steller, durch den Absatz desselben gelockt, sich

dies Buch zum Muster für viele ähnliche ge=
nommen haben, durch welche nun der Born
der Unsittlichkeit sich aus hundert Röhren in
das Publicum ergießt!

Aber selbst, wenn man weiß, daß die
Verführung nicht haften werde, sollte man
doch tugendhafte Gemüther mit der Anhörung
solcher Grundsätze verschonen, die ihrer gan=
zen Denkart zuwider sind, und keinen andern
als einen widerlichen Eindruck auf sie machen
können. Es gehört mit zu der Lieblosigkeit
und Feindseligkeit der Gesinnungen, die die
Grundlage aller Unsittlichkeit ist, wenn man
einen redlichen Mann geflissentlich damit krän=
ken kann, daß man den Grundsätzen, die er
aus reiner Ueberzeugung von ihrer Nothwen=
digkeit der ganzen Welt anwünschen möchte,
mit kecker Stirne Hohn spricht, oder, was
noch niederträchtiger ist, diejenigen darin wan=
kend macht, denen er diese Grundsätze durch
Lehre und Leben einzuimpfen von ihrer Kind=
heit an bemüht war. Das heißt ja nichts

anders, als die Saaten zertreten, die ein
fleißiger Landmann mit saurem Schweiße dem
magern Boden entlockte, oder die Baumschule
mit boshafter Hand zerstören, aus welcher
nach des redlichen Pflanzers Absicht einst für
die Kinder und Enkel ein nutzbarer und er-
quickender Obstgarten hervorgehen sollte.

Kann man eine Schaar von blühenden
Kindern ansehen, ohne sich des herrlichen
Ausspruchs zu erinnern: ihrer ist das Reich
Gottes? So viele schlanke Pflänzchen, alle
voll der Bestimmung, das Reich der Guten
dereinst vermehren und anbauen zu helfen,
und alle dem Zufall überlassen, der sie entweder in solche Hände führen wird, die ihnen
die dazu nöthige Richtung geben werden, oder
der sie, unbeachtet von den Besseren, am Wege
stehen läßt, wo sie mit allen ihren herrlichen
Anlagen, sich selbst überlassen, verkrüppeln.
Wer könnte grausam genug seyn, zu dieser
Verkrüppelung absichtlich beyzutragen? Hält
man doch den schon für einen schlechten Men-

schen; aber: ein Bäumchen an der Landstraße
vorseßlich zerknickt, oder an seinen Zweigen
beschädigt. Und was ist ein zerbrochener
Baum gegen einen verderbten Menschen!

———————

8.

Achtung für die Ehe.

Wenn von einer Bestimmung des menschlichen Geschlechts die Rede ist, so denkt jeder
dabey nur an den männlichen Theil desselben;
und wenn man die Geschichte fragt, was bisher zur Entwickelung dieser großen Gesellschaft
geschehen ist, so sagt sie uns einzig das, was
die Männer dazu beygetragen haben. Ist das
nicht Ungerechtigkeit gegen das andere Geschlecht? So sagen einzelne gelehrte Damen;
aber daß es zu allen Zeiten und unter allen
Völkern die einstimmige Klage aller Weiber
gewesen sey; und daß die Weiber uns durch-

gehends beneideten, daß die Regierungen der
Staaten, die Gewerbe und Handthierungen,
der Ackerbau und der Soldatenstand, die
Gerichtshöfe und die Katheder nicht eben so
gut mit Personen ihres Geschlechts besetzt
würden, davon hat man noch nie gehört.
Daß einzelne Damen Philologie oder Bota=
nik oder Philosophie studirt, Verse gemacht
und Bücher geschrieben haben, macht die Re=
gel nicht wankend. Sind diese doch von je=
her als Ausnahmen betrachtet worden, und
haben im mindesten nicht den Neid der übrigen
ihres Geschlechts geweckt. Ob die Elisabe=
the und Katharinen sich als Herrscherinnen
jemals glücklich gefühlt haben, möchte schwer
zu erweisen seyn. Daß ihr Geschlecht auch
die Fähigkeit besitze, sich in männliche Ge=
schäfte zu finden, haben sie allerdings bewie=
sen; allein wer hat je daran gezweifelt?
Nur daß es die Bestimmung des ganzen Ge=
schlechts sey, unmittelbar zur Entwickelung
der Anlagen der gesammten Menschheit mit=

19 *

zuwirken, dies muß mit Recht geläugnet
werden. So unbillig ist die Natur nicht
verfahren, daß sie dem Weibe, das schon
mit dem Tragen, Gebären, Säugen und
Aufziehen der Kinder den größten Theil sei=
nes Lebens hinbringt, noch jenes große Ge=
schäft, für das Ganze mit zu sorgen, aufge=
bürdet hätte. Ja selbst den Sinn für dieses
Ganze hat sie den Weibern versagt, um ih=
nen die Ueberschreitung ihrer Gränzen recht
zu erschweren. Wenn hat je ein Weib eine
Erfindung gemacht, eine die Menschheit in=
teressirende Wahrheit zuerst ausgesprochen,
oder zur Verbesserung der bürgerlichen Ver=
hältnisse heilsame Vorschläge gethan? Wenn
hat je ein großes politisches oder gelehrtes
Unternehmen, eine Reformation, eine neue
Gesetzgebung, eine Revolution, sie lebhafter
beschäftigt, als eine Heyrath, ein Liebeshan=
del oder ein Mittel, den Männern zu gefal=
len? Ist nicht dagegen all ihr Dichten und
Trachten auf das Letztere gerichtet? Wollen

sie, etwas anders als Liebe, die, doch dem
Manne bey weitem nicht das Höchste ist?
Sind sie nach aller Menschen innerstem Gefühle irgendwo besser an ihrem Platze, als
in den Armen des Geliebten, an der Wiege
der Kinder und in der Wirthschaft? Stimmt
zu diesen Berufsarten nicht auch ihr zarterer
Leib, ihr weiches Gemüth, ihr Sinn für
Kleinigkeiten, ihr Hang zum Putze aufs
schicklichste zusammen? Und wünscht sich ein
vernünftiges, gut geartetes Weib noch etwas
mehr, als einen geachteten Mann; der sie
herzlich liebt, blühende Kinder, die sie ernähren, und eine gut eingerichtete Wirthschaft, der sie mit Ehren vorstehen kann? Weis-
lich hat die Natur ihnen auch den anschmie-
genden Sinn gegeben, vermöge dessen sie sich
leicht für die Beschäftigungen ihrer Männer
interessiren lernen. So hilft die Frau des
Krämers im Nothfall gern verkaufen, und
die des Schriftstellers läßt sich liebreich die
gelehrten Gespräche gefallen, die der Mann

ihr im Feuer seiner Begeisterung aufdringt.
Wozu quälen sich denn eigentlich unsere ästhe=
tischen Damen so sehr mit Almanachen,
Dichterwerken und gelehrten Journalen? Wo=
zu anders, als weil sie mit so vielen jungen
Genies zu thun haben, bey denen sie glau=
ben, solches Unterhaltungsstoffes nicht ent=
behren zu können.

Hat aber die Natur das Weib von der
unmittelbaren Theilnahme am Bau des Gan=
zen ausgeschlossen, so fehlt doch sehr viel,
daß sie ihm darum eine minder wichtige Be=
stimmung gegeben hätte. Liefern sie nicht
die immer neuen Arbeiter an dem großen
Werke? Gehen nicht die werdenden Ge=
schlechter aus ihrem Schooße hervor? Ja
nicht bloß aus ihrem Schooße, größtentheils
auch aus ihren Mutterarmen, aus ihrer
Schule? Wächst nicht unter ihrer Pflege und
Nahrung, unter ihren Schmerzen, ihren
Sorgen und Nachtwachen, der Keim zum
Menschen auf, den der Mann im Augenblick

des Vergnügens sorglos pflanzte, und den er
sorglos dem Schicksal überläßt? Nimmt nicht
das Weib dem Manne willig alle die kleinen
Mühen ab, die er zu seiner Bequemlichkeit
so sehr bedarf, und wozu ihm doch aller Sinn
fehlt, ja deren Besorgung ihn in seinen edel-
leren Geschäften unwürdig zerstreuen würde?
Und ist sie es endlich nicht, in deren traul-
licher Kammer, an deren reinlichem Tische,
an deren wärmendem Ofen, unter deren fromm
erzogenen Kindern er seine Ruhe findet nach
den Beschwerden des Tages, unter deren
Schöpfungen im wohlverwalteten Hause er
sich froh fühlt, und seiner Familienvaterwürde
sich stolz und freudig bewußt wird?
Diese schöne Bestimmung kann aber das
Weib nicht erreichen, wenn ihr Mann ihr
nicht ihr Eines und Alles ist, und noch weniger, wenn sie gar niemandes Weib wird.
Die Natur hat gewollt, daß das Weib den
Mann ergänzen sollte, und wo die Verei-
gung so geschieht, wie sie immer geschehen

sollte; da ist auch Mann und Weib schlecht:
hin, Eins, und keins kann sich ohne das
Andere denken. Diese Verbindung hält auch
auf Lebenszeit, und wenn der Reiz des Wei:
bes und die Kraft des Mannes vertrocknet,
so schlingen die indeß heranwachsenden Kin:
der, in denen das Interesse beider Eltern
sich vereinigt, und die holde Gewohnheit das
alte Band immer fester zusammen. Wie
könnte aber mit dieser Einrichtung der Natur,
mit diesem schönen Zwecke der höchsten Weis:
heit eine Theilung der Herzen bestehen?
Was will aus der häuslichen Harmonie
werden, in welcher allein gute Kinder gedei:
hen, wenn der Mann noch eine liebere Ver:
traute hat, als sein Weib? wenn das Weib
ihrem Manne Kinder gebiert, an denen er
keinen Theil hat? wenn mit der Vollziehung
der Ehe nicht jede weitere Sehnsucht nach
männlichem Umgange geschlossen ist, und alle
fernern Wünsche auf immer schweigen?

Ja, es ist ganz sonnenklar, daß die

Ehe keine menschliche Erfindung, keine Cons
venienz, kein politischer Kunstgriff sey, son=
dern, daß die Natur selbst unwiderstehlich
darauf hingeführt habe. Ein Mann und
ein Weib sollten sich zur Fortpflanzung ihrer
Art, und zur sichern Aufziehung der zarten
Nachkommenschaft, auf Lebenszeit verbinden,
und der heilsame Trieb der Eifersucht sollte
aller Polygynie und Polyandrie vorbauen.
Eine Anlage zur Schamhaftigkeit sollte den
Jüngling und das Mädchen, so lange vor
dem Geschlechtsgenusse bewahren, bis sie im
Stande wären, ihn dem Willen der Natur
gemäß zu befriedigen. Die Sorge für den
Hausstand, für die Pflege des Mannes und
die Erziehung der Kinder sollte endlich jedes
andere sinnliche Gelüste außer dem Umgange
des Mannes fern von dem Weibe halten;
wie denn der Mann durch seine schwereren
Geschäfte und seine weniger sinnliche Natur
gleichfalls, selbst der Erfahrung gemäß, leicht
vor der Ausschweifung bewahrt wird.

Haben wir nun — wie doch wohl des vernünftigen Wesens würdig wäre — Achtung für die weisen Anstalten der Natur, so dürfen wir die Ehe nie anders, denn als das heiligste Band auf Erden betrachten; dessen Verletzung die schnödeste Verhöhnung der ewigen Weisheit ist. Und das nicht allein, sie ist auch zugleich die bitterste Kränkung des unschuldigen Gatten. Denn indem zwey Personen ein Ehebündniß schließen, opfern sie einander ihre Freyheit auf; und nichts kann ihnen einen würdigen Ersatz für dieses Opfer geben, wenn es nicht die gegenseitige Treue, das völlige Vertrauen, die ganz dem andern sich hingebende Liebe thut. Wo anders kann der geplagte Mann, der in dem Strudel der treulosen Welt nur vorsichtig und schweigend kämpfen darf, einmal sein Herz aufschließen und völlig und herzlich vertrauen, als im Schooße der Seinigen, und besonders am Busen seines geliebten Weibes? Wenn nun aber eben dies Weib nur Liebe heuchelt, ihr Herz

einem Andern zugewendet hat, und einem
Andern dieselben süßen Rechte auf sich ein=
räumt, die der Mann nur allein zu besitzen
wähnt — kann wohl ein schändlicherer Be=
trug ersonnen werden? Oder wenn der
Mann, der seiner Frau durch seine Liebe den
schuldigsten Ersatz für die Beschwerden ihres
Hausfrauen= und Mutterstandes geben sollte,
eine andere als sie mit seiner Liebe beglückt
— kann eine Undankbarkeit abscheulicher seyn?
Kann einer von beiden wünschen, daß ihm
so begegnet werde? Wie könnte er also
berechtigt seyn, dem Andern so zu thun?

Und ein junger Mann, der seinen Trieb
zu befriedigen, keinen bequemern Gegenstand
findet, als eine leichtsinnige Ehefrau, die er
bald zu beschwatzen hofft: denkt er denn
gar nicht daran, wie es ihm gefallen würde,
wenn er der Ehemann wäre, der so betro=
gen werden sollte? Hofft er denn nicht selbst
einmal in diesen Stand zu treten, und
ahnet er da nichts von einer Nemesis?

Freilich haben diejenigen, welche sich dies Vergehen erlauben, gewöhnlich diese Entschuldi-
gung, daß sie nur solche Weiber wählten, die
so unschicklich verheyrathet seyen, daß durch
ihre Verbindung der Zweck und das Glück der
Ehe doch nicht erreicht werde; daß sie mithin
kein häusliches Glück störten, weil keines da
sey, und daß, wenn sie sich die Gelegenheit
nicht zu Nuße machten, zehen andere bereit
seyn würden, es an ihrer Stelle zu thun.
Der letzte Grund kann vor der Vernunft
gar nicht bestehen; denn die daraus folgende
Maxime, daß uns alles erlaubt sey, was
sich Schlechtere erlauben, würde alle Moral
aufheben. Was aber das erstere Vorgeben
betrifft, daß durch den Ehebruch kein häusliches Glück gestört werde, wenn beide Ehegatten nicht zu einander passen, so wird dies
schwerlich erwiesen werden können. Das
eheliche Glück hat, wie jedes andere, seine
Grade. Den höchsten Grad zu erreichen,
gelingt in allen Dingen nur wenigen, aber

darum giebt man die Sache selbst nicht
gleich auf. Gesetzt, dir selber wäre es nicht
möglich, eher zu heyrathen, als bis deine
Jugendblüthe schon verwelkt, und deine beste
Kraft zum Theil von dir gewichen wäre;
du wünschtest aber dennoch von dem versäum=
ten Glücke so viel nachzuholen, als möglich
wäre, und zugleich dein Alter vor der Lieb=
losigkeit bezahlter Pfleger zu sichern; es fände
sich nun ein Frauenzimmer, zwar wohl eines
jüngern Mannes würdig, aber in Ermange=
lung desselben auch bereit, sich einem älteren
zu vermählen. Wirst du es ihr nicht frey
stellen, ob sie den gewagten Schritt thun
wolle, oder nicht? Und wenn sie ihn thun
will, wirst du nicht annehmen müssen, daß
sie ihn wohlüberlegt, daß sie sich stark genug
gefühlt habe, allenfalls einem langen Genusse
sinnlicher Freuden zu entsagen, und den größ=
ten Theil ihres ehelichen Glücks lieber in
andern Gefühlen zu suchen? Muß es denn
immer und ewig nur sinnlich genossen seyn?

Gesetzt nun also weiter, sie würde deine Frau, und nach einigen Jahren fiele ihr ein, daß sie doch wohl besser gethan hätte, einen andern Mann zu wählen? Und welcher Frau sollte das nicht einfallen? Könnte aber dieser Einfall eine berechtigen, es wirklich mit einem andern zu versuchen, so ist gar nicht abzusehen, wenn diese Versuche geschlossen seyn möchten. Denn auch gegen den Besten wird man doch allmälig kühler, und es wird sich dann immer wieder ein Besserer finden, und diesen wird nach einiger Zeit ein noch geliebterer verdrängen können. Es wäre also solchen Damen gar kein besserer Rath zu geben, als nur gerade hin à la Ninon zu leben; nur müßten sie auch die Offenherzigkeit dieser Buhlerinn besitzen; die wenigstens keinen betrogen hat. Aber nicht wahr, du wünschest dir nicht eine solche Frau, oder wenn du sie hättest, so möchtest du doch wohl, daß sich niemand fände, der ihre Lüsternheit benutzte? Und du solltest nun einem andern Ehemanne thun können, was du wünscheſt, daß dir niemals geſchehe?

Ob der Geſchlechtstrieb mit einem Mädchen ohne ehelichen Zweck befriedigt werden dürfe, wird ſich aus dem Obigen leicht ergeben. Iſt die Ehe die Beſtimmung jedes weiblichen Weſens, ſo wird alles, was demſelben die Erreichung dieſer Beſtimmung erſchweren hilft, ein Verbrechen gegen das arme Geſchöpf ſeyn, ſelbſt wenn es einfältig genug ſeyn könnte, ſelbſt darein zu willigen. Ich meines Theils möchte lieber einen Mord, als die Verführung eines unſchuldigen Mädchens auf dem Gewiſſen haben.

Unter allen gebildeten Völkern, und ſelbſt in Zeiten großer Sittenverderbniß haben die edleren Jungfrauen ſtets die Blüthe der Unſchuld mit Fleiß zu bewahren geſucht, weil ſie wußten, welchen hohen Werth ſelbſt der ausſchweifendſte Mann auf dieſen Vorzug lege: Daß wir denſelben ſo hoch achten,

ist zunächst freilich wohl eine Regung von
Mißgunst, eine so weit getriebene Eifersucht,
daß wir in unserm Besitzthume auch nicht
einmal einen Vorgänger dulden wollen; aber
es hat doch auch zugleich noch einen sehr
reellen Grund. Strenge Keuschheit und tief
im Herzen wohnende Sittsamkeit der Jung-
frau sind dem Manne die einzige Bürgschaft für die Treue und Sittsamkeit der
Frau. Es ist nicht wahr, daß der Mann
die früheren Vergehungen seines Weibes nicht
entdecken könne. Mögen auch die physischen
Merkmale befleckter Jungfrauschaft trüglich
seyn, so kann ich doch nimmermehr glauben,
daß die moralischen es seyn sollten. Einem
Weibe, dem die Schamhaftigkeit und Enthaltsamkeit schon vor der Ehe nichts mehr werth
waren, und welches alle Einwendungen der
Vernunft, des Ehrgefühls, der Furcht und
der Scham durch die bloße Sinnenlust übertäuben konnte, wird auch die häusliche Zucht,
die Eingezogenheit und die Treue nicht sehr

am Herzen liegen. Umsonst wird der betrogene Bräutigam die holde Schamhaftigkeit und das süße Geständniß der endlich befriedigten Sehnsucht in ihren halbgesenkten Blicken und auf ihren sanft erröthenden Wangen suchen. Das schönste, was er ihr zu geben hatte, war ihr ja nicht mehr neu; ja sie hat schon die Fähigkeit, schamlose Vergleichungen anzustellen. Wie sollte sie ihren Mann als den Einzigen werth halten, der sie beglücken könnte? Nein, jene zarte Blüthe der Jungfrauschaft ist ein so nothwendiges Erforderniß zu einer glücklichen Ehe, als nur irgend ein anderer Vorzug, den ein Mädchen ihrem Bräutigam zubringen kann; und mit vollem Rechte hält daher ein junges Frauenzimmer auf die sorgfältigste Bewahrung dieses Kleinods.

Bey dem Manne ist es anders. Weil die Natur weit mehr und wichtigere Zwecke mit ihm hatte; als die Erzeugung einer Nachkommenschaft, so richtete sie auch seine

20

Begierden bey weitem nicht so sehr auf dies
Geschäft, als die des Weibes. Wenn auch
der Begattungstrieb zu einer gewissen Zeit
noch so heftig bey ihm eintritt, so läßt er
sich doch leichter abweisen; ja manche Menschen thun seine Befriedigung nur wie ein
Nebengeschäft, oder wie ein verwandtes Ma-
sturbedürfniß ab, ohne sich dadurch in ihren
übrigen Planen und Ideen weiter stören zu
lassen. Das geschieht ohne alles nähere
Interesse an dem Gegenstande, ja dieser
Gegenstand, den sie bloß als Sache betrachten, ist ihnen gemeiniglich selbst verächtlich.
(Dies letztere wäre bey den Weibern eine
Unmöglichkeit.) Man könnte daher behaupten, daß ein Mann, wenn er nicht ein aus-
gemachter Wollüstling und liederlicher Mensch
ist, selbst bey häufig genossenem unreinen
Vergnügen dieser Art, noch immer sehr keuschen Herzens geblieben seyn, und die auf-
richtigste Achtung für die Ehe und den
bessern Theil des weiblichen Geschlechts behal-

ten haben könne. Zwar wird er sich seiner frühern Ausschweifungen immer schämen müssen; aber es wird ihm möglich seyn, sie bey einem tugendhaften Weibe gänzlich zu vergessen, und gleichsam ein neues Leben anzufangen. Das Weib hingegen berechnet nach solchen Genüssen die Hauptmomente ihres Lebens, und der Augenblick, da sie sich zum ersten Male der Umarmung eines Mannes hingab, ist der wichtigste ihres ganzen Daseyns.

Dazu kommt, daß der Mann durch die leidigen bürgerlichen Verhältnisse, die ihm oft bey dem besten Willen das Heyrathen unmöglich machen, hinreichend entschuldigt ist, wenn er dem nicht mehr zu zähmenden Triebe auf jede mögliche Weise Raum giebt. Ganz gewiß ist es der Vernunft unsers Geschlechts zuzutrauen, daß der größte Theil von uns gern die Blüthe seiner Mannskraft der Gattinn aufbewahren würde, wenn es uns erlaubt wäre, in dem Alter zu heyrathen, in welchem es die

Mädchen thun. Da ferner bey der unaufhör=
lichen Aufforderung, die ein kraftvoller jun=
ger Mann hat, diesen wüthendsten aller Trie=
be (nächst dem Hunger) zu befriedigen, die
Frage schwer zu beantworten ist, warum man
die Gelegenheiten, ihn ohne Beleidigung ei=
nes Dritten zu befriedigen, unbenutzt lassen solle:
so wird der Moralist mit den bisher gegen
die Hurerey gebrauchten Vorstellungen jetzt
kaum mehr ausreichen:

Ein Doctor Albrecht in Dresden hat
in Nr. 303. des Reichsanzeigers von 1803 et=
was über die Schädlichkeit der Bordelle ge=
sagt, gegen einen Anonymus in derselben Zei=
tung, von dem er bedauert, daß ihm fol=
gende Stelle entschlüpft sey: „Es ist
unbestreitbar, daß es außer den Gränzen
menschlicher Gewalt liegt, in gegenwärtigen
Zeiten gewisse Meinungen im Allgemeinen
nach Gefallen zu erzeugen, so wie die derma=
lige öffentliche Meinung über das Unmorali=
sche der außerehelichen Befriedigung des Ge=

schlechtstriebes sehr von der unterschieden ist, die man vor 30 Jahren hierüber nährte. Phy= sische Schwächlinge möchten sie aus Ueberzeu= gung oder Mißgunst gern noch jetzt verbrei= ten." — Der Verfasser dieser Zeilen (dem dieselben eben so wenig entschlüpft sind, wie man sagen könnte, daß dem Sokrates die Lehre von der Unsterblichkeit der Seele ent= schlüpft sey) wird sich unstreitig über das Be= dauern des Hrn. Doctors A. leicht getröstet haben. Er sieht die Sachen, wie sie sind, und hat den Geist der Zeit begriffen, zwey Vor= züge, die seinem Bedaurer gänzlich abgehen. Die Meinung, von der er spricht, ist die re= ligiöse Stimmung, die noch vor 30 Jahren alle Sittenlehren zu Glaubenslehren machte, und die jetzt mit dem Ansehen der Geistlichkeit und der Bibel durchaus gesunken ist. "Damals war es genug, auf die letztere zu verweisen, und kurz und gut zu lehren, daß Hurerey Sünde sey, und kein rechtlicher Mensch hätte sich unterstanden, zu fragen: warum? Aber

die Zeit der Aufklärung verschmäht allen Glauben auf Autoritäten, und verlangt Gründe.
Kann der Hr. Doctor jene Dumpfheit des
Geistes wieder zurück zaubern, in der man
nur aus blindem Glauben handelte, so mache
er uns das Kunststück vor. Da es aber vor
zehn Jahren einem mächtigen Könige, einem
sehr thätigen Minister und drey eben so eifrigen
Oberconsistorialräthen nicht hat gelingen wollen, so zweifle ich, daß er viel ausrichten
wird.

Es ist dabey eine feine Bemerkung des
Anonymus, daß diejenigen, die noch jetzt so
sehr gegen den Geschlechtsgenuß eifern, entweder aus physischer Schwäche, oder aus Blödigkeit, oder aus Mangel an Gelegenheit,
zur eigenen Enthaltsamkeit gezwungen werden,
und sich nun diese Enthaltsamkeit zur Tugend
anrechnen. Da ist es denn freilich der einzige Trost, der ihnen übrig bleibt, zu glauben, sie seyen aus weit edlerem Stoffe zusammengesetzt, als jene sinnlichen, unreinen Men-

schen, die nur um des Genusses willen da zu
seyn glaubten. Es ist ganz außerordentlich,
welche Masken der Neid annehmen kann, und
ich selber kenne mehrere gute Menschen, welche aus reiner Tugendliebe gegen das Laster
der Unkeuschheit zu eifern meinen, da es doch
nichts anders, als die quälendste Mißgunst
ist, was aus ihnen spricht. Will der Herr
Dr. Albrecht einmal recht aufrichtig seyn, so
frage er sich nur selbst, ob er nicht an dem
Genusse manches von ihm gehaßten Wollüst-
lings gern dann und wann einmal Theil nehmen möchte, wenn es so recht in der Stille
geschehen könnte.

Was soll nun das Resultat von dem allen
seyn? Soll die Hurerey frank und frey seyn?
Ich antworte: Für den, der alle Folgen davon aus williger Entschließung auf sich nehmen will, immerhin! Es giebt der feilen
Dirnen unter uns genug, an denen doch eins-
mal nichts mehr zu verderben ist, und denen
noch ein Gewinn dadurch zufließt, wenn man

sie dazu braucht, wozu sie selbst gebraucht seyn
wollen. — An solche wende sich also, wer sich
durchaus nicht mehr bezähmen kann. — Aber
wie viele werden dies seyn? Uns Deutschen
zumal, denen das Blut weit ruhiger als den
südlichern Nationen durch die Adern fließt,
hat die Natur selbst die Enthaltsamkeit sehr
erleichtert. Dazu kommt, daß die Schwäche
eines großen Theils unserer Jünglinge nur
noch einer ganz kleinen Nachhülfe der Ver‑
nunft bedürfte, um allen Anfechtungen glück‑
lich auszuweichen. Ist dies nun der Fall, so
muß zum wenigsten die Klugheitslehre diese
Ueberwindung jedem jungen Manne ernstlich
anrathen; aus folgenden Gründen:

1. Weil dieser Trieb, einmal befriedigt,
nun weit stärker wird, als er vorher war, und
mithin die erste Sünde unzählige andere nach
sich zieht, die vielleicht nicht alle so gut ablau‑
fen können, als jene erste.

2. Weil Vergnügungen dieser Art das Ge‑

muth so sehr zerstreuen, daß man oft für nichts
Ernsthaftes mehr Sinn behält.

3. Weil die Folgen einer einzigen Ausschweifung oft sehr unglücklich ausfallen können:
Das wäre für die jungen Leute selbst. Für
die Eltern will ich noch folgendes hinzufügen.
Da die Gewohnheit, nach gewissen einmal festgewurzelten Vorstellungen zu handeln,
ihre eiserne Gewalt selbst über Naturtriebe
bewährt hat: so steht es ganz in den Händen
der Eltern und Erzieher, ihre Kinder zu Wol-
lüstlingen oder zu enthaltsamen Menschen zu
bilden. Wer das Letztere will, der gewöhne
sie von den ersten Lebensjahren an zur scham-
haften Verhüllung des Körpers, lehre sie jede
unanständige Entblößung oder Betastung als
etwas höchst unsittliches vermeiden, hüte sie
vor dem Umgange mit Dienstboten und gemeinen Kindern wie vor dem Feuer, und er-
kläre sich bey jeder Gelegenheit mit Ernst und
Abscheu gegen jede unanständige Rede oder
Handlung, die den Kindern zu Ohren kommt.

Ein gesetztes Betragen der Eltern selber gegen
einander in der Kinder Gegenwart, und oft
wiederholte Aeußerungen über die Nothwen;
digkeit eines zurückhaltenden Wesens gegen
Personen von verschiedenem Geschlechte wer;
den die zarte Pflanze der Schamhaftigkeit in
den weichen Kinderherzen wohlthätig befesti;
gen und nähren, und eine frühe und lange
Gewohnheit, alles Unanständige in Reden
und Handlungen zu vermeiden, wird einst mit
der Kraft eines festen Grundsatzes aller Ver;
führung wunderbar entgegen wirken. Ich sel;
ber habe mehrere wackere Jünglinge, die aus
einer solchen Zucht erwachsen waren, unbe;
rührt von dem Schmutze späterer Umgebun;
gen durch die mißlichen Jahre des akademi;
schen Lebens gehen sehen, und weiß, daß sie
ihren Bräuten eine unentweihte Unschuld zu;
gebracht haben. Bey ihnen bemerkte ich zu;
gleich eine andere, ihnen sehr früh aufgedrun;
gene Gewöhnung, ein sehr zartes Gefühl für
das Reine, Schöne und Geschmackvolle, ver;

möge deſſen ſchon der Anblick einer gemeinen Buhldirne ſie mit Ekel erfüllte. Auch hatten ſie meiſtens einen Hang zur Sentimentalität, der ſie zum Idealen hinführte, und ihnen ein ſo zart veredeltes Bild von der Liebe vorhielt, daß ſie ſich geſchämt haben würden, es durch unreine, ſinnliche Gedanken zu entweihen. Ich möchte daher, gegen den Rath der neuern Pädagogen, ſolche Dichterwerke, die dieſen Hang zum Romantiſchen nähren, eher em̃pfehlen, als verbieten; nur ſolche Schriften, in denen die Liebe mit der Frivolität eines Franzoſen behandelt, oder gar die offenbare Unſittlichkeit mit lachenden Farben geſchildert wird, ſollten vorſichtiger als Gift über die Seite gebracht werden. Ein ſouveraines Mittel endlich, den böſen Dämon ganz zu erſticken, iſt, wie ſchon Ovid lehrt, Gewöhnung zu beſtändiger Beſchäftigung. Kann man in jenen kritiſchen Jahren das Gemüth eines Jünglings für irgend ein hohes Ziel des Ehrgeizes befeuern, ſo wird er vollends von fleiſch-

lichen Anfechtungen nur wenig zu dulden
haben.

9.

Achtung für die Staatsverhältnisse.

Der größte Theil der Menschen sieht in
dem bürgerlichen Zwange, in welchem er leben
muß, in den vielen Unterordnungen der exe=
cutiven Macht, und in so manchen finanziſti=
schen und polizeylichen Geſetzen nichts als
drückende Bande, zum Theil durch den Geiz
oder das Privatinteresse der Großen geschmie=
det, und einzig zur Aussaugung der ärmern
Klassen vorhanden. Eine genauere historische
Kenntniß von der wunderbaren Entwickelung
der Gesellschaft würde diese Unzufriedenheit
beträchtlich mildern; die Vergleichung unsers
gegenwärtigen Zustandes mit dem unserer Vor=
fahren in allen früheren Perioden der Ge=
schichte würde uns nicht wenig tröſten; und

ein ernstliches Nachdenken über die Schwie-
rigkeiten der Sache würde uns endlich eine
hohe Bewunderung dessen abnöthigen, was
bereits wirklich in der Zusammensetzung einer
so überaus künstlichen Maschine, als unsere
heutigen Staatsverfassungen sind, geleistet
worden ist. Daß freilich hier nur alles im
Großen berechnet werden konnte, und mithin
manchem Kleineren unverhältnißmäßig wehe
geschehen mußte, war natürlich; aber gewis-
sermaßen ist der menschliche Verstand dadurch
entschuldigt, daß der göttliche selbst im Großen nicht viel gerechter verfahren könnte. Wie
schlimm sind nicht z. B. gegen die freyen Löwen, Wölfe, Füchse und fast gegen das ganze
Vögelgeschlecht die armen Pferde oder die noch
geplagteren sibirischen Schlittenhunde wegge-
kommen! Genug, daß wir überzeugt seyn
können, es sey für jetzt der besten Einsicht noch
nicht möglich gewesen, bessere bürgerliche Verhältnisse hervorzubringen; es werde aber nirgends am guten Willen fehlen, dieselben bey

wachſender Einſicht immer mehr zu vervoll=
kommnen.

Dieſer Ueberzeugung gemäß zu handeln wird
die Pflicht des rechtſchaffenen Mannes ſeyn.
Daß ſie gleichfalls aus dem Princip aller voll=
kommenen Pflichten folge, ergiebt ſich leicht.
Verlangſt du, daß der Staat dich ſchützen ſol=
le, wie kannſt du ihm deinen Beytrag zu ſei=
ner Erhaltung verweigern? Wenn nun ein je=
der, wie du, die Zölle umginge und die Vi=
ſitatoren berückte, wozu doch jeder eben ſo viel
Recht hätte, als du: woher ſollte der Staat
ſeine ihm ſo nöthigen Kräfte nehmen? Zwar
meint man gewöhnlich, die Taxen und Steu=
ern ſeyen willkührliche Geſetze; allein einmal
ſind ſie ja nicht dir allein willkührlich aufge=
legt, ſondern jeder Staatsbürger muß ſie,
gleich dir, tragen, und man bemüht ſich im=
mer mehr, den Hohen und Niedern nach
gleichem Verhältniſſe zu ſchätzen; und dann,
wie ſollten ſie anders ſeyn können, da doch
nun einmal beſtimmte Summen zur Beſtrei=

tung der ungeheuren Staatsausgaben und
zur Vergrößerung des Schatzes für künftige
Unglücksfälle nothwendig zusammengebracht
werden müssen? — Aber, sagst du, bey
weitem nicht alles, was mir abgepreßt wird,
gereicht dem Staate zum Besten; eine Menge unnützer Menschen theilen sich darin, die
sich von meinem Schweiße nähsten, anstatt,
wie ich, zu arbeiten. — Mags! seyn, so er-
nährst du doch andere, und thust mithin Gutes. Auch ist ihre Arbeit elender als die Dei-
nige, und ihr Loos beklagenswerth genug.
Und da du doch diese Menschen nicht wegschaffen kannst, vielmehr der Staat sie durchaus ernähren muß: so fällt jeder Beytrag, den
du ihnen vorenthältst, dem Staate zur Last,
der ihn sich nun entziehen muß, um ihn diesen Leuten zu geben. Auf jeden Fall ist es
also der Staat, den du bestiehlst, und dieser
hat also ein Recht, dich dafür hart zu bestrafen. Unüberlegt wäre es auch gesprochen,
wenn du sagen wolltest: Die Ausgaben, die

der Staat sich macht, sind aus schlechten
Veranlassungen hervorgegangen. Warum soll
ich zu einem Kriege beytragen, der mit mei=
nem Willen nicht ist angefangen worden, und
den uns die Gewalthaber billig hätten erspa=
ren sollen? — Gesetzt, dies letztere wäre
möglich gewesen, so berechtigt dich ein Fehler
des Regenten doch nicht, dem Ganzen deine
Theilnahme zu versagen. Leiden die übrigen
Glieder nicht alle mit, und ebens so unschul=
dig als du, und hast du nicht, als du die=
ser Gesellschaft beytratest, Dich eben dadurch
stillschweigend verbunden, im Nothfalle alle
Lasten derselben mitzutragen? Soll der Sol=
dat sein Blut für den Staat hingeben, und
du willst nicht einmal etwas von deinem Gut
de fahren lassen? Ist es denn nichts, daß
dich dafür in Friedenszeiten der Staat gegen
alle widerrechtliche Eingriffe in deine Rechte
schützt, dir dein Eigenthum sichert, dir Ge=
legenheit zu deinem Unterhalt verschafft, und
dir hier zur Durchsetzung deiner Forderungen,

dort zum Unterricht deiner Kinder, öffentliche Anstalten barbietet? Gehe doch in die Länder, die von unaufhörlichen Plünderungen gesetzloser Räuber beunruhigt werden, wo der Mann, der gestern noch wohlhabend war, von einer Mameluckenhorde oder von den wilden Trabanten eines rebellischen Pascha aus seinen Bette gerissen wurde, und heute mit seinen ausgezogenen Kindern bettelnd durch die zerstampften Felder wandert, die gestern noch sein waren. Dort wirst du es einsehen, welch eine Wohlthat es ist, Bürger eines civilisirten Staats zu seyn, und wie weit die Vortheile, die der letztere gewährt, den Druck überwiegen, den man sich um jener willen gefallen lassen muß.

Aus allen bisher angeführten Gründen ist auch jede gewaltthätige Widersetzung gegen die Obrigkeit durchaus unmoralisch, und der rechtschaffene Mann wird sich dieselbe, selbst wenn ihm Unrecht geschehen wäre, schon um des Ganzen willen nicht erlauben. Daß es hin-

gegen jedem frey stehe, mit offen und beschei=
den dargelegten Vernunftgründen einen zu ra=
schen Schritt der Obrigkeit zu hemmen oder
zu vereiteln, versteht sich von selbst.

———

10.

Wer ist ein rechtschaffner Mann?

Dies wären etwa die vorzüglichsten der voll=
kommenen Pflichten. Wer sich ihre Erfüllung
zum festen Gesetze gemacht hat, heißt nach
einem höchst bestimmten Sprachgebrauche ein
rechtschaffener Mann. Von einem solchen ver=
langt man keine vorzügliche Klugheit, keinen
lebhaften Eifer für die Verbesserung einzel=
ner Culturzweige oder bürgerlicher Verhält=
nisse, keine Kenntnisse, keinen Geschmack, kei=
nen Hang zur Wohlthätigkeit oder zu zartern
menschlichen Gefühlen. Er kann geizig, schmu=
zig, unordentlich, ein Sodomit, ein Spieler,

ein Trinker seyn; wenn er nur die vollkommenen Pflichten pünctlich übt, und jedem sein
Recht erweiset, strenge, zu rechter Zeit, aus
freyer Bewegung und ohne Murren, so ist er
ein rechtschaffener Mann. Solche meint Jesus, wenn er sagt, es seyen unnütze Knechte,
sie hätten nur gethan, was sie zu thun schuldig wären. Daß der Lehrer der Liebe so sprechen mußte, war wohl natürlich; doch wäre
wohl zu wünschen, daß es solcher unnützen
Knechte recht viele gäbe, denn leider ist derer, die auch das Schuldigste unterlassen,
Legion.

II.

Die unvollkommenen Pflichten.

I.

Princip und Gränzen dieser Pflichten.

Mehr als die Pflicht zu thun, kann wohl von keinem erwartet werden, als von solchen, die einer Begeisterung für den großen Plan des Weltschöpfers fähig sind, bey denen also alle kalte Betrachtung des sorgsam bestimmten Gesetzes aufhört, und die sich aus inniger Freude an ihrer Menschheit, mit wahrer Liebe entschließen, alles, was das Gesetz befiehlt, freywillig doppelt und dreyfach zu thun, und die Forderungen des Egoismus denen des allgemeinen Wohls freudig aufzuopfern. Dies

iſt der idealiſche Charakter des Tugendhaften,
und das Princip deſſelben iſt laut der Angabe
derer, die dieſe Tugend lehren: Liebe deinen
Nächſten als dich ſelbſt, d. h. laß dir die
Beförderung fremden Glücks eben ſo angele-
gen als die deines eigenen ſeyn.

Für den Tugendhaften wäre alſo eigentlich
von Pflichten gar nicht mehr die Rede. Der
Lieblingsſchüler Jeſu ſetzt auch die Liebe geradezu dem Pflichtgefühl, welches er ſehr richtig
eine Furcht nennt, entgegen, wenn er ſagt:
Furcht iſt nicht in der Liebe; die wahre Liebe
treibet die Furcht aus, denn die Furcht hat
Pein. Auch kann dem Tugendhaften in ſeinem Eifer für das allgemeine Wohl keine Gränze gezogen werden: genug, daß er das, was
er thut, aus herzlicher Liebe thut. Daher der
Name der unvollkommenen Pflichten, der
wenigſtens verräth, daß die Moraliſten hier-
mit ihren Beſtimmungen nicht weiter fort ge-
könnt haben.

Das Unvollkommene liegt offenbar in der

nie zu entscheidenden Gränzbestimmung zwischen
dem Gebiet der Klugheits- und dem der Tu-
gendlehre. Hier ist alles so subjectiv, daß
jeder einzelne Fall nach andern Gesetzen beurtheilt werden muß. Bey der bekannten Geschichte von der angeblichen Lebensrettung des
großen Kurfürsten durch seinen Stallmeister
fühlt man allerdings sogleich das Herrliche der
Handlung, und hier ist kein Zweifel, daß
die Erhaltung eines so wichtigen Hauptes,
als der Kurfürst war, mit der Aufopferung
eines ganzen Heeres nicht zu theuer erkauft
worden wäre. Wie aber, wenn der Stallmeister dasselbe für ein Paar gemeine Knechte gethan hätte? Hier würde die Klugheitslehre unstreitig erst einen Bericht verlangt haben, wie vieler Menschen Leben nach möglicher
Berechnung wohl ungefähr so viel werth gewesen
wäre, als das jenes Einen. Etwa fünfe? oder
sechse? oder sieben? Aber der Enthusiasmus hat
keine Schnellwage zum Symbol, und in der
Hitze der Schlacht hätte Froben sein Leben

vielleicht eben so entschloffen für einen gemeinen Reiter gelassen, als für seinen Herrn, und
mich dünkt, diese Handlung wäre nicht minder edel gewesen.

. Da das Leben die Bedingung alles Wirkens und Genießens ist, so wird man auch
dem Tugendhaftesten nicht zumuthen können,
es für Andere aufzuopfern, wenn nicht durch
dieses Opfer ein augenscheinlicher, ganz außer-
ordentlicher Gewinn für das Ganze hervor-
geht. Dies ist allerdings der Fall bey dem
Soldaten, der sein Leben für das Wohl des
Staats aussetzt; es war der Fall bey Jesus,
bey Codrus, bey den beiden Spartanern, die
nach Herodots Erzählung freywillig nach Susa
gingen, dem Xerxes ihre Köpfe anzubieten,
und durch dies Opfer von ihrem Vaterlande
das Unglück abzuwenden, das ihrer Meinung
nach die Götter zur Strafe für die Ermordung
der persischen Gesandten über dasselbe verhängt
hatten. Es war der Fall bey den Horatiern,
dem Ritter Curtius, und Andern. Aber wo

nicht ein so großes Schicksal auf der Wage
liegt, so wird auch der edelste Menschenfreund
sich nicht anklagen dürfen, wenn die Liebe
zum Leben in seiner Seele stärker, als der
Wunsch nach Andrer Erhaltung vorspricht.
Wenn ein Haufe gutmüthiger Dorfbewohner
mitleidig, von der Küste aus, dem Unglück
einer gescheiterten Schiffsmannschaft zusieht,
ohne daß einer von ihnen das Herz hat, dem
Wrack mit einem Boote zu Hülfe zu kommen:
wer möchte sie deshalb verdammen? Die
Aufopferung des Prinzen Leopold von Braun-
schweig in der großen Wassersfluth zu Frank-
furt an der Oder kann nur in so fern eine
edle Handlung heißen, als vorausgesetzt werden muß, der junge Held habe die Gefahr
nicht für so groß gehalten, und nur den Klein-
müthigen ein Herz machen wollen, die durch
die bloße Möglichkeit eines unglücklichen Er-
folgs von der Rettung jener Unglücklichen ab-
geschreckt wurden. Könnte man annehmen,
daß er von der Wahrscheinlichkeit seines To-

des vorher überzeugt gewesen wäre, so würde man nicht umhin können, ihn einen Thoren zu nennen.

Das Beyspiel des Sokrates gehört nicht eigentlich hierher. Er starb nicht für das Ganze, auch nicht aus Liebe für einen Einzelnen, sondern — seinem Ideal zu Gefallen. Von dem Tage an, da er in Athen als Lehrer der Weisheit öffentlich aufgetreten war, hatte er sich vorgenommen, in seinem Leben der Welt ein Kunstwerk vorzuhalten, und so mußte es recht in seinen Plan gehören, das Ganze mit der Märtyrerkrone zu vollenden; ja die Arbeit seines ganzen Lebens wäre vernichtet gewesen, wenn er die Rede des Lysias oder das Anerbieten Kritons hätte annehmen können. Da er bey Entwerfung seines Ideals jede kluge Rücksicht auf specielle Staatsverhältnisse streng verworfen hatte, so möchte man sagen, daß ihm ganz Recht geschehen sey; indem die Gesellschaft selbst, deren nothwendige Ordnungen er verhöhnte, ihn seinen Ide-

alismus mit dem Leben büßen ließ. Wir wollen der Welt, statt mehrerer Idealisten seiner Art, lieber recht viele solcher Weisen
wünschen, die ihre Ideale mehr den Cul-
turverhältnissen ihres Volks anpassen, und die
Klugheit nicht verschmähen, in den Geist
ihrer Zeit willig einzugreifen.

Nächst dem Leben sind uns die Güter des
Lebens das Liebste. Es entsteht die Frage:
wie viel davon sind wir unsern leidenden Mit-
brüdern aufzuopfern verbunden? Alles, was
wir entbehren können? Gut, aber wer bestimmt hier die Gränze des Bedürfnisses?
Wenn ich mich auch von allem Gelde entblößt
hätte, könnte ich nicht etwa noch manches
Kleidungsstück entbehren, das z. B. ein Ab-
gebrannter noch nöthiger brauchte als ich?
Wäre es nicht vielleicht Pflicht, wenn ich
Gesunder eine Flasche Weins hätte, und wüßte, wo jemand traurig läge, ihm dieselbe zu
schicken? Aber wenn ich dieser Maxime durchaus consequent handeln wollte, so würde ich

offenbar selbst nicht eher zu einem Tropfen
kommen, als bis ein ähnlich gesinnter Tu=
gendhafter, der noch nicht so weit herunter
wäre, und mich nun selber traurig liegen sä=
he, mich mit einem Glase von dem seinigen
erquicken müßte. Doch, wir wollen einen
ernsthaftern Fall annehmen. Gesetzt, ich hätte
arme Verwandte, die nur die nöthigsten Le=
bensbedürfnisse befriedigen könnten. Soll ich
nun, der ich etwas mehr übrig habe, um ih=
retwillen mir jedes Vergnügen versagen, das
ich ohne sie gewiß genießen würde? Oder ge=
setzt, ich hätte mir mit saurer Arbeit nach
vielen Jahren endlich tausend Thaler verdient,
und läse eben, da ich sie auf die Bank brin=
gen wollte, von dem Unglück eines abgebrann=
ten Fleckens. Soll ich nun die Frucht jahres=
langen Fleißes hingeben an Menschen, die
ich nie gesehen habe? Aber sie sind doch mei=
ne Brüder, und sind so unglücklich, und ich
könnte zur Noth auch ohne die tausend Tha=
ler vergnügt seyn. Wie kann ich sagen, daß

ich meinen Nächsten liebe, wenn ich in sol=
cher Noth unthätig bleibe, und mich nicht
einmal von meinem Ueberflusse trennen will?
Beschämt mich nicht jeder Groschen, den ich
noch außer dem strengsten Bedürfnisse feig be=
halte? Und was soll man zu den edeln Män=
nern sagen, die in Palläften wohnen, und
Hunderttausende hinterlassen?

2.

Die Tugend der Mystiker.

Ich will mich doch in der Geschichte um=
sehen, und hören, was die Erfahrung von
der Tugend sagt. Herrlich strahlt mir hier
zuerst das Beyspiel Jesu entgegen. – Ja hier
sehe ich wahre Tugend, eine schön gehaltene,
bis ans Ende fortwährende Begeisterung.
Aber welch eine Idee, welch ein Zweck beseele
auch diesen Mann! Wie könnte jetzt noch

jemand zu einer solchen Idee kommen? Wor
her also soll ich jene Begeisterung nehmen,
ohne jene Zwecke? Wie kann mein gemeines,
einförmiges Leben mich zu solcher poetischen
Stimmung erheben, oder mich fortwährend
darin erhalten? — Ich sehe ferner die hoch-
berühmten Muster eines Sokrates, Diogenes,
Epikur und anderer Weisen des Alterthums.
Aber wo zeigt sich in ihrem Leben eine Spur,
daß herzliche Liebe für die Menschheit, wie bey
Jesu, sie begeistert habe? Sie haben uns
durch ihre bewundernswürdigen Aufopferungen
gezeigt, welcher Stärke die Vernunft fähig
ist; sie wollten die Wahrheit ihrer Systeme
durch ihr Leben beweisen, und haben es gethan. Wenn aber Liebe zum Wesen der Tugend gehört, so ist es sehr unschicklich, sie
Tugendhafte zu nennen. Nirgends hat sich
vielmehr der Egoismus, der Antipode der Tugend, so thätig bewiesen, als in diesen Philosophen. — Weiter betrachte ich die Edlen,
die freudig für ihre Lieben das Leben gelassen

haben; die Diener, die für ihre Herren, die Söhne, die für ihre Väter bluteten; die Weiber, die sich selbst zu ihren gefesselten Männern auf den Revolutionskarren drängten, und sie nicht überleben wollten; auch die Damon und Phintias und andere treue Seelen, deren edle Thaten uns zu Thränen rühren. Ja, auch hier ist Tugend, aber von welcher Art? Ist es ein ganzes tugendhaftes Leben, oder nur eine einzelne Handlung, in einer feurigen Aufwallung, in einer Ekstase vollführt? Offenbar das Letztere, daher auch Scenen dieser Art nur in revolutionären oder kriegerischen Zeiten vorfallen, wo das beständig in Unruhe schwankende Gemüth nie zur Besonnenheit kommt, und alle Handlungen nur Ausbrüche eines stürmischen Gefühls sind. Das Leben solcher Tugendhelden würde in ruhigen Zuständen vielleicht die Möglichkeit solcher Ekstasen kaum haben ahnen lassen, und gewiß waren sie im Uebrigen eben so sehr dem Eigennutz, dem Neide, und andern Schwächen unterworfen,

als wir andern. – Haben wir, diese Ekstasen
nicht auch, nur daß sie in unserm einförmi-
gern, ruhigern Leben auch weniger glänzende
Handlungen hervorbringen? Was thun wir
nicht oft für Personen, für die wir uns lebhaft interessiren! Welcher Entsagungen, Aufopferungen und Anstrengungen sind wir, ihnen
zu Liebe, nicht fähig! Und können wir nicht
zu eben der Zeit für die ganze übrige Welt
kalt, verschlossen und lieblos seyn? Verweigern wir nicht manchmal, während wir uns
zu den edelsten Handlungen begeistert fühlen,
dem Bettler einen halben Groschen? Kann
Tugend so parteyisch seyn?

O weh, wohin führt das! Die Liebe
ist allerdings parteyisch, sie wählt sich ihre
Gegenstände aus, sie schränkt sich nur auf
wenige ein. Wer alle Welt lieben will, liebt
keinen recht. Und nun ist das Unglück, daß
alle andern, die wir nicht lieben, uns noch
weit weniger als gleichgültig bleiben. Da
wir uns nicht durch einen innern Drang uns

fer's Herzens: zu ihnen hingezogen fühlen, so
betrachten wir sie bloß mit dem feindseligen
egoistischen Auge. Jede ihrer eigenen egoisti=
schen Bestrebungen widert uns an, wir schim=
pfen sie gemeine Naturen, wir verwahren uns
gegen ihren Umgang, und doch sind diese Men=
schen gerade so edel als wir, nur daß sie uns
nicht lieben. Wir helfen ihnen wohl, wenn
sie entweder unserer Eigenliebe schmeicheln,
oder wenn so etwas in ihren Zügen liegt, das
Dankbarkeit verspricht, oder wenn wir glau=
ben, daß die ihnen zu erweisende Güte einen
Glanz auf uns werfen könne: aber bey der
geringsten Collision mit unsern egoistischen
Neigungen sehen wir gleich den Feind in einem
solchen, und es ist bloß aus Furcht, daß wir
ihn nicht offenbar feindselig behandeln.

Wie wäre es auch anders möglich bey Ge=
schöpfen, deren stärkster Naturtrieb der der
Selbsterhaltung war? Macht uns dieser wü=
thende Trieb nicht schon von Hause aus zu
Feinden unserer Gattung? Und kann die fein=

ste Bildung ihn wohl so dicht verhüllen, daß
er nicht bey dem ersten Reize in seiner ganzen
Kraft hervorbrechen sollte? Wie hat er nicht
in Frankreich geraset, als die Schranken der
äußeren Zwangsmacht gefallen waren! Und
wie würde er augenblicklich auch bey uns zu
rasen anfangen, wenn diese Schranken auch
hier einstürzten. Im Stande der Ruhe und
des Glücks mag man wohl von allgemeiner
Menschenliebe träumen, und bey einer vorkommenden Gelegenheit einem Freunde zeigen,
daß man aus Liebe zu ihm auch wohl etwas
Großes aufopfern könne; nur bilde sich keiner
ein, daß er nun über allen Egoismus hinweg
sey. Die kleinste Veranlassung wird, ehe er
sich dessen versieht, den Neid und den Eigennutz aus ihren Winkeln hervorlocken, und der
eingebildete Tugendhafte wird dastehen, wie
ein anderer Mensch, und sich seines Traumes
schämen müssen.

Könnte die Liebe wirklich ein tugendhaftes
Leben als vollendetes Ganzes hervorbringen,

22

so würden wir die vortrefflichsten Charaktere
unter den Dichtern zu suchen haben, deren
heißes Gefühl uns die Tugend gewöhnlich mit
so bezaubernden Farben zu schildern weiß. Aber
hier bewährt sich die Kraft der Tugend gerade
am schlechtesten. — Zwischen edlen Gedanken
und einzelnen, glänzenden Ekstasen sehen wir
den feindseligsten Egoismus mit allen seinen
Attributen, Stolz, Neid, Eigennutz, Rachsucht desto greller hervortreten, so daß man
von den meisten sagen möchte: wären sie nicht
so tugendhaft, so würden sie moralischer seyn.

Immer besser! Also soll die Tugend wohl
gar der Moralität hinderlich seyn? Das wäre
wohl möglich. In so fern die Liebe etwas
Poetisches ist, das nicht ohne einen Aufschwung
der Phantasie aus dem niedern Gebiete der
nackten Wirklichkeit gedacht werden kann;
eben diese Wirklichkeit aber der einzige Schauplatz alles moralischen Handelns ist, wird der
so hoch Begeisterte nur immer nach Idealen
trachten, und sich darüber für die Menschen,

wie sie wirklich sind, die Augen verblenden.
Der Arme in Abstracto, wie er ihn im Ro-
mane geschildert findet, wird ihn innig rühren: der Arme in der Wirklichkeit ekelt ihn
an. Diese Lumpen hatte er sich nicht so
schmutzig gedacht; die Worte des Bettlers verrathen auch gar keine Sentimentalität; sie
weisen auf eine gemeine Gesinnung; mithin
verdient der Mensch kein edleres Schicksal.
Der aus Vernunft gute Mensch läßt sich dagegen durch die gemeine Natur des Armen
nicht abschrecken, sein erster Gedanke ist vielmehr: wie, wenn du an seiner Stelle wärst?
was würdest du da wünschen, daß ein Vor-
übergehender für dich thäte? und schon ist die
kleine Gabe gereicht. Die Liebe ist ferner ein
Gefühl, sie erkaltet mithin allmälig, wenn sie
sich gar zu wenig belohnt sieht. Schon oft
kehrte der Jüngling, der mit dem Enthusiasmus eines Posa ausging, nach einigen verunglückten Versuchen unmuthsvoll und mit dem
Entschlusse zurück; nun auch gar nichts mehr

für die Menschen zu thun, weil sie es doch
nicht werth wären. Was aber das schlimmste
ist, so macht das Gefühl der Liebe zum Guten träge; denn man glaubt sich schon gut, so
lange man sich dieses Gefühls bewußt ist, und
geht wenig darauf aus, es in Thaten auszu-
drücken. Ja mit diesem Bewußtseyn im Herzen erlaubt man dem egoistischen Triebe seine
liebsten Spiele; man spricht von den Eigenschaften seiner guten Freunde so liebevoll nei-
disch, man zieht das ungerechte Profitchen
so liebevoll eigennützig ein, man umarmt den
vortrefflichen Collegen, den man zum Henker
wünschte, so liebevoll heuchlerisch, und fühlt
vor lauter Liebe selbst nicht, welche Stimme
hier eigentlich spricht. — Man wird sagen,
das sey eine unächte Liebe; allein man sehe
nur recht zu, es ist die eigentliche, ächte, nur
mit Schwachheit versetzt. Man findet sie in
einem bewundernswürdigen Grade bey demjenigen Geschlechte, dem die Liebe und die
Schwäche eigenthümlich sind, bey dem weib-

lichen.'. Dieselbe Frau, die uns an Tugend
ein Engel schien, weil die Liebe aus ihr sprach,
erscheint wie ein gemeines Weib, wenn sie
am Kaffeetisch unter ihres Gleichen sitzt, und
von einer Dritten spricht, und wie ein Teufel
ihrem Manne, wenn er der Eifersucht nicht
mit der größten Sorgfalt vorzubeugen weiß.

Wie unendlich sicherer als diese Tugend=
haftigkeit der Gefühle führt uns die nüchterne
Vernunft, die, beständig gewaffnet gegen die
heimlichen Ausfälle des Egoismus, unpar=
teyisch die Personen und Sachen ansieht,
wie sie sind, ihre einmal festgesetzte Kette von
Ideen durchläuft, und jeden vorkommenden
Fall aus ihrem einfachen Princip entscheidet.
Die Liebe, die Jesus verlangte, ist nur für
Menschen von seinem Berufe; wer in den
Verhältnissen unsers bürgerlichen Lebens ihm
nachzuahmen suchen wollte, würde oft in ein=
zelnen Fällen von denen, die jener unnütze
Knechte schalt, in der Sittlichkeit beschämt
werden.

So sollte also die Tugend etwas Unmög=
liches seyn? Insofern unter diesem Namen
ein Charakter verstanden wird, der von allen
gefordert werden köune — ja. Einzelne tu=
gendhafte Handlungen sind im Leben jedes
Menschen möglich, und kommen auch in allen
Ständen häufig genug vor. Will man in=
dessen, wie wir oben immer gethan haben,
die durch lange Uebung zur Fertigkeit gewor=
dene Gewohnheit, immer nach dem Vernunft=
princip zu handeln, Tugend nennen, so ist
dagegen nichts einzuwenden. In diesem Falle
könnte man dann auch sagen, daß die Tugend
lehrbar sey, welches von dem Gefühl der
Liebe nicht gesagt werden kann, das nur durch
eine mystische, religiöse Erziehung zu erzeugen
seyn dürfte.

3.

Begriff des guten Menschen.

Was bleibt nun dem Moralisten übrig, wenn die Mystik, die allein die idealische Tugend hervorbringen kann, außerhalb des Gebiets des Lehrbaren liegt? Ich denke, sein erstes Geschäft wird seyn, in der Vernunft seines Zöglings die moralische Ideenreihe fest zustellen, ohne deren Zuverlässigkeit die Mystik, im Fall sie ihn einmal ergriffe, ihm leicht den Kopf verwirren könnte; und es dann abzuwarten, was das Gefühl hinzuthun werde. Er lehre ihn daher zuerst sein Leben nach den Vorschriften der Klugheitslehre einrichten, und seine Neigungen nach den Grundsätzen der Rechtschaffenheit beschränken; weil aber der Rechtschaffene nur negative Pflichten hat, so wird noch übrig seyn, daß man ihn auch zum guten Menschen bilde, und das wird dadurch

geschehen können, daß man ihn auffordert,
nicht bloß die Harmonie des allgemeinen Wohl=
seyns nicht zu stören, sondern sie auch zu be=
fördern. Das Ergreifen eines Amts, das
Streben nach immer wichtigern Wirkungskrei=
sen, das Forschen nach nützlichen Entdeckungen
darf die Moral nicht erst empfehlen, denn
dafür werden die durch die Klugheitslehre
geleiteten Neigungen schon sorgen. Es ist
hier nur die Rede von dem Betragen in un=
sern verschiedenen Verhältnissen, und hier ist
das Princip: Befördere aus allen Kräften das
Wohlseyn deines Nächsten. Verlangt man ein
Merkmal, woran man das wahre Wohl des
Nächsten erkennen könne, so ist die Lehre die:
Thue jedem, was du in seiner Lage von An=
dern zu empfangen wünschen würdest.

Die Pflichten, welche aus diesem Prin=
cip herfließen, sind nicht so unvollkommen,
sondern lassen sich ziemlich genau bestimmen.
Ich habe nicht nöthig, den Einwohnern einer
abgebrannten Stadt mein ganzes Vermögen

zu schenken; denn wenn ich selbst zu diesen
Unglücklichen gehörte, so würde ich den un-
billigen Wunsch nicht haben, daß ein Einzelner sich so über Gebühr aufopfern möchte;
ich würde vielmehr nur wünschen können, daß
von allen den Tausenden, die von dem Unglück hörten, ein jeder nach seinen Kräften
so viel hergäbe, daß durch die Summe sämmt-
licher Wohlthaten mein und meiner Mitbürger Unglück gemildert würde. Dasselbe ist
der Fall mit dem Weine, den ich den Kranken
schicken soll. Die Summe aller armen Kranken kann ja nicht verlangen, daß jeder, der
nur eine Flasche besitzt, sich dieser berauben
solle; sondern daß die Summe aller Reichen
nach Verhältniß ihres Vorraths so viel zu-
sammenbringen möchte, als nöthig wäre, jedem einen keinen Labetrunk zu gewähren.
Wirklich handeln auch alle wohlthätigen Menschen nach einem dunklen Gefühle dieser Maxime, und man hört wohl manchen redlichen
Bürgersmann bey seiner kleinen Gabe sagen:

Wenn nur ein Jeder nach seinem Vermögen,
so viel giebt, so wird es keine Noth haben.

Das positive Gute, welches jemand seinen
Nebenmenschen erweisen kann, ist nur von
zwiefacher Art. Entweder erhöht er ihre
Glückseligkeit, oder er befördert ihre Sittlichkeit. Von beiden Pflichten wollen wir jetzt
noch näher sprechen.

4.

Erhöhung fremder Glückseligkeit.

So wie ich wünsche, daß recht viele Menschen sich für mein Glück interessiren möchten,
so muß ich ja wohl billig auch darauf bedacht
seyn, das Wohlseyn recht vieler Andern zu
befördern. Dies räth mir schon die Klugheitslehre, da kein gewisseres Mittel ist, sich
die Liebe der Menschen zu erwerben, als indem man ihnen Gutes erzeigt. Allein selbst

in solchen Fällen, wo diese schweigt, und kein rückfließender Nutzen für mich aus meiner Wohlthat abzusehen ist, muß jener Grundsatz der Sittenlehre die stärkste verbindende Kraft für mich haben.

Es ist aber bekannt, daß die Erhöhung fremder Glückseligkeit nicht bloß in Geld und andern Gaben bestehe, womit wir etwa der Noth solcher abhelfen, die ärmer als wir sind. Wir sollen überhaupt allen, mit denen wir umgehen, durch unsern Umgang so viel Freude machen, als wir von dem ihrigen zu haben wünschen müssen. Dies verpflichtet uns zu einem gütigen, nachsichtigen, höflichen Betra= gen gegen Andere; es verpflichtet uns zu einem beständigen Nachdenken, wie wir die Lage de= rer, die von uns abhangen, immer angeneh= mer machen könnten; es treibt uns sogar an, jeden, der etwas bey uns sucht, auch wenn wir ihm nicht helfen können, doch wenigstens auf eine liebevolle Art zu entlassen, ihm einen klugen Rath oder einen wirksamen Trostgrund

mitzugeben, u. dgl. Es verpflichtet uns, ei=
nem Bittenden gern etwas von unserer Zeit
aufzuopfern, und ihm mit unfern Kenntnissen
beyzustehen; vor allen Dingen aber seinem
feinen Gefühle die Kränkung zu ersparen, es
sehen zu müssen, wie beschwerlich er uns sey.
Es lehrt uns, Geduld zu haben mit der
Schwäche des Alters, mit dem Eigensinn ei=
nes Kranken, mit der Eigenliebe eines Ver=
blendeten, der sich in dem Besitz irgend eines
Gutes, eines Talents oder einer Idee, deren
Nichtigkeit wir einsehen, für unaussprechlich
glücklich hält; und mit dem Geschwätz eines
Albernen, der es nicht weiß, daß er uns lä=
stig fällt. Es hilft uns für unsere Freunde
angenehme Ueberraschungen aussinnen, fröhliche
Feste bereiten, und gerade das aussuchen, von
dem wir wissen, daß es ihnen die meiste
Freude machen werde. Es lehrt uns endlich
in unserm Gespräche alles dasjenige vorsichtig
vermeiden, womit wir in Andern unangenehme
Erinnerungen wecken, oder eine Kenntniß von

Dingen verrathen könnten, die nach dem Wun-
sche jener auf immer unbekannt bleiben sollten.

Die Frage: Wer ist mein Nächster, ist
von Jesu durch die Erzählung von dem barm-
herzigen Samariter schön beantwortet worden.
Der ist es, der keinen näheren zum Helfer hat,
als mich. Daraus geht denn auch hervor,
auf welche Personen wir unsere wohlthätige
Sorgfalt zunächst zu richten haben. Offenbar
auf die, deren Schicksal allein von uns abhängt, und nächst diesen auf diejenigen, die
durch ehemals uns erwiesene Wohlthaten einen gerechten Anspruch auf unsere Dankbarkeit haben. Was soll man zu einem Manne
sagen, der alle Welt zu unterhalten sucht, und
seiner Frau keine einzige frohe Stunde macht?
Oder zu einem, der Fremden Gutes thut,
und sich seiner verlassenen Geschwister nicht
annimmt? Man klagt oft über die Zudringlichkeit der Verwandten; allein von wem sollen sie denn eher Hülfe begehren, als von denen, die sie am nächsten kennen? Wiewohl

auch hier die Art, wie, und die Umstände, unter welchen gebeten wird, den Grad unserer Theilnahme höchst verschieden bestimmen werden.

Eben so wenig läßt sich auch im Allgemeinen angeben, wie man sich gegen Wohlthäter zu verhalten habe. Es giebt deren, denen ganz Recht geschiehet, wenn sie mit Undank bezahlt werden. Dies sind nämlich solche, die uns zu ihren Zwecken gebrauchen wollten, und um uns dazu zu gewinnen, uns eine Lockspeise vorwarfen, die sie uns nun, da sie uns nicht mehr gebrauchen können, zur Wohlthat anrechnen. Solche Menschen verdienen unsere ganze Verachtung, und es ist noch Schonung von uns, wenn wir ihnen ihre Schlechtheit nicht laut vorrücken, und ihre Schande öffentlich verbreiten. — Andere, minder strafbar, aber nicht minder eigennützig, erwiesen uns lange Zeit die größte Aufmerksamkeit und Liebe, und leisteten uns in dringenden Fällen die wesentlichste Unterstützung; in

der Absicht, uns dadurch zu einem Gegendienst
zu verbinden, der für sie von Wichtigkeit ist,
uns hingegen, wenn wir ihn leisten sollten,
unser ganzes Glück kosten würde.   Von dieser Art sind die Speculationen vieler Frauenzimmer, ja selbst vieler Eltern, denen die Ver-
sorgung ihrer geldarmen Töchter Sorge macht.
Die Klugheitslehre muß hier zwar billig jeden
jungen Mann vor solchen frühen Verbindungen warnen, und die Sittlichkeit kann ihn,
wenn er jene Warnungen verachtet, und einem solchen Mädchen durch sein ganzes Betragen gegen sie wirklich Hoffnungen gemacht
hat, allerdings verpflichten, sein Wort zu
halten; allein wenn er sich redlich bewußt ist,
jenen Fehler nicht begangen zu haben, so kann
keine Vernunft ihn zwingen, die Liebeserwei-
sungen, die er empfangen hat, gerade mit
der Münze zu bezahlen, die man verlangt.
Er wird wohl thun, wenn er, um dem Vorwurf der Undankbarkeit zu entgehen, jenen
Leuten auf alle Art seine Ergebenheit zu er-

kennen giebt; aber über den durch seine Ver=
eitelung ihre Hauptabsicht erregten Haß darf
er sich nicht beunruhigen.

Unter allen unsern Wohlthätern kann wohl
Niemand mehr auf unsere Dankbarkeit rech=
nen, als diejenigen, denen wir das Leben
und die Erhaltung desselben in den Tagen un=
serer-unbehülflichen Kindheit verdanken. Das
natürliche gesunde Gefühl der ältesten Gesetz=
geber hat überall den Undank gegen die Eltern
für eins der schwärzesten Laster erklärt, nur
die Klügeley verderbter Menschen hat die Noth=
wendigkeit einer Pflicht, die ihr lästig fiel,
siegreich zu bekämpfen geglaubt. Daß meine
Eltern mich erzeugt haben, sagt man, kann
keinen Dank verdienen, weil sie zunächst
diesen Zweck nicht wollten; daß sie mich er=
nährten, geschah gleichfalls aus Instinct, und
machte ihnen herzliches Vergnügen; daß sie
mich erzogen, war ihre Pflicht, und es wäre
abscheulich von ihnen gewesen, wenn sie es
nicht gethan hätten. Auf diese Rede würde

ein Vater im gerechten Zorn erwiedern dür=
fen: „Ja, Undankbarer, dich von unserer
Armuth kümmerlich mit zu ernähren, war
unser Vergnügen; denn wir sahen einen uns
schuldigen Säugling in dir, der es nicht ver=
dient hatte, hülflos zu verschmachten. Hät=
ten wir damals deine Treulosigkeit und dein
schlechtes Herz im Keime erkennen können, ich
selber hätte dich vielleicht von deiner Mutter
Brust gerissen und dem Findelhause überge=
ben, damit du nie erfahren hättest, was El=
ternliebe sey. Es war unsere Pflicht, dich
zu erziehen; allein wir thaten es in der Hoff=
nung, uns eine Stütze im Alter zu bereiten.
Hätten wir damals wissen können, daß du
es uns mit Undank vergelten würdest, so
würde kein Mensch es abscheulich gefunden ha=
ben, wenn wir dich deinem bösen Schicksal
überlassen hätten. Wer die Natter gekannt
hätte, der hätte sie nicht in den Busen ge=
steckt. Bösewicht, der du gestehst, daß wir
aus Liebe alles für dich gethan haben, fühlst

du denn nicht, daß man nichts boshafteres
thun kann, als Liebe mit Kälte und Verachtung bezahlen?".

Auch der Fall kann kommen, daß ein braver Sohn mit dem besten Willen es nicht
über sich gewinnen kann, seine wirklich schlechten Eltern zu achten und zu lieben. Was soll
er thun? Gefühle kann man nicht erzwin-
gen; was geliebt werden soll, muß liebenswürdig seyn; wen man achten soll, der muß
Vorzüge des Geistes und des Charakters besitzen. Es bleibt hier nichts übrig, als den
Eltern diejenigen Liebesdienste zu erweisen,
die sie verlangen, jede Klage über unsern Un-
gehorsam abzuschneiden, in unbedeutenden
Streitfällen ihnen nachzugeben, in wichtigern
mit Festigkeit die Rechte der Vernunft durch-
zusetzen, dabey aber alle Erbitterung zu verhüten, und es ihnen überall begreiflich zu
machen, daß man nicht aus Stolz oder Eigensinn so strenge gegen sie verfahre. Gute
Jünglinge haben hier eine schöne Gelegenheit,

sich in der Geduld und Selbstverleugnung zu
üben. Wie schwer es auch seyn mag, eine
für richtig erkannte Meinung gegen eine uns
verkehrt scheinende aufzugeben, so bringt es
dafür auch ein schönes Lob, wenn man aus
freywilliger Achtung auch die wunderlichen Ei-
genheiten unverständiger Eltern ohne Murren
zu ertragen weiß.

Sich seiner Eltern zu schämen, wird gemeinhin für ein Zeichen eines schlechten Herzens gehalten; allein ich sollte meinen, daß
eine gewisse Art dieser Scham auch wohl die
Frucht einer sehr edeln Gesinnung seyn könnte.
Wenn z. B. mein Vater, ein Mann von nie-
driger Herkunft, mich plötzlich in einer Gesellschaft gebildeter Männer und vornehmer
Frauen überraschte, und ohne das mindeste
Schicklichkeitsgefühl seine Ansprüche an mich
mit derselben Rücksichtslosigkeit geltend machte, als wären wir allein; wenn dann seine
schlechte Kleidung, seine gemeinen Sitten,
sein unanständiges Gespräch die Gesellschaft

23 *

zum heimlichen Gespött oder gar zum Wider=
willen bewegte: mit welcher Empfindung
könnte ich das wohl ansehen? Heißt das
sich: seiner Eltern schämen, dieses Empört=
werden, wenn man sie der Verachtung Preis
gegeben sieht, und schweigen muß, weil man
sie nicht retten kann, sie, die man so gern
recht von Herzen ehren und lieben möchte?
Gewöhnlich werfen Eltern, die sich in diesem
Falle befinden, ihren besser erzogenen Kin=
dern dies sogenannte Schämen vor, und neh=
men es sehr übel, wenn sie von denselben
nicht recht laut als ihre Eltern vorgestellt wer=
den, natürlich weil dies ihrer Eitelkeit am
meisten schmeicheln würde. Aber wenn sie
Einsicht genug hätten, so würden sie das Zart=
gefühl ihrer Kinder vielmehr ehren müssen,
das ihnen den fatalen Contrast gern ersparen
möchte, den sie so eifrig suchen. Auch dies
ist ein Verhältniß, welches viel Geduld und
Klugheit erfordert; denn die Aufgabe ist, so
seiner Gefühle Meister zu bleiben, daß man

weder an der Liebe der Eltern noch an der Ach=
tung der Fremden verliert.

· Auch diejenige Art von Scham, da man
den niedrigen Stand seiner Eltern im Um=
gange mit Vornehmeren verleugnet, (abgese=
hen davon, daß die Lüge allerdings tadelhaft
ist,) kann in vielen Fällen wohl mehr auf ei=
nem Mißtrauen in die Vernunft der Andern,
als auf eigener Unvernunft beruhen. Allein
wenn auch von Seiten der Sittlichkeit nichts
dagegen zu sagen wäre, so muß doch die Klug=
heitslehre diese Scham ganz verwerfen. Ein=
mal kann man nämlich doch nicht wissen, wie
der Betrug entdeckt werden könne, und dann
hat man sich selbst verächtlich gemacht. Fer=
ner aber macht es uns ja weit mehr Ehre,
von einer niedern Stufe zu dem Range der
Gebildeten empor gestiegen, als schon durch
die bloße Geburt in denselben versetzt zu seyn.
Fürchten wir aber im Ernste, durch die Ent=
deckung unserer niedrigen Geburt in den Au=
gen der Höheren zu verlieren, so wäre ja das

ein böser Beweis, daß wir die bisher von
ihnen erhaltene Achtung mehr einem Irrthum,
als unserm eigenen Verdienste zuschrieben.
Wirklich findet sich auch dies Gefühl bey solchen am lebhaftesten, die ihre Erhebung in
einen höheren Stand mehr dem blinden Glücke
als eigener geistiger Anstrengung verdanken.

Ich komme jetzt zu den übrigen Wohlthätern, denen Freude zu machen eine der nächsten Pflichten des guten Menschen ist. Die
häufigen Klagen über Undank zeigen, wie wenig diese Pflicht geachtet wird. Dies beruht
nicht selten auf einer falschen Scham, zu der
uns das Betragen mancher Wohlthäter selber
Anlaß giebt. Diese können oft, unverständi-
gen Eltern gleich, die alten Verhältnisse nicht
vergessen, in denen sie ehemals mit uns standen, denen wir aber längst entwachsen sind.
Wir würden herzlich gern einem alten Bürger, der uns in unsern Schuljahren einen Frey-
tisch gab, jeden billigen Gegendienst erweisen,

aber der Mann verlangt mehr; er will unfere Freundschaft, unfern Umgang; wir follten noch immer den Patron in ihm ehren, und das wird uns jetzt doch gar zu peinlich. Andererfeits aber follten wir doch auch bedenfen, wie fchwer wir einen guten Mann durch unfer Vergeffen kränken, der uns einmal lieb gewonnen, der vielleicht einft feine herzliche Freude an uns hatte, und deffen Liebe doch wohl eine Gegenliebe verdient hätte. Es ift doch hart, gerade von denen vergeffen zu werden, in deren Herzen wir uns eben ein recht feftes Gedächtniß hatten ftiften wollen. Verlornes Geld fchmerzt, aber verlorne Wohlthaten noch weit mehr; wir würden uns doch auch betrüben, wenn es uns fo ginge. Alfo —! Es wird ja wohl ein Mittelweg zu finden feyn zwifchen fchweigendem Stolz und felbftbefchämender Demüthigung. Und wie fchön find die Gefchichten zu lefen von Fürften, die fich nach ihrer Erhöhung derer dankbar erinnert haben, die ihnen vorher im

Stande ihrer Erniedrigung Gutes erwiesen
hatten.

Daß Eltern das Wohl ihrer Kinder auf
alle Weise zu befördern haben, darf man ihnen wohl nicht erst als eine Pflicht vorhal-
ten. Eher sollte man untersuchen, wie weit
sich diese Sorge erstrecken dürfe. Namentlich kommt hierbey die Frage in Anschlag:
Darf der Vater die Lebensart seines Sohnes
bestimmen? Die vorsichtigste Antwort darauf
scheint mir die: Wenn der Sohn sich nicht
selbst aus vernünftigen Gründen für ein Fach
entscheiden kann, ja. Ein kluger Vater wird
allerdings seinem Sohne von Kindheit an
Gelegenheit zu verschaffen suchen, die verschiedenen Gewerbe der Menschen kennen zu
lernen, und entweder sein eigenes Beyspiel
oder lebhafte Empfehlungen dieser oder jener
Lebensart werden der Neigung des heranwachsenden Knaben allmälig von selbst eine
bestimmte Richtung geben. Einer solchen
Neigung schnurstracks zu widersprechen, wäre

allerdings hart; aber in dringenden Fällen,
wo des Vaters Vernunftgründe überwiegend
sind, wird er kein Bedenken tragen dürfen,
dem Sohne eine Zeitlang Gewalt anzuthun.
Eine Zeitlang, sage ich; denn lange wird oh=
nehin die schmerzliche Empfindung des Zwan=
ges nicht währen, wenn die milde Kraft der
Gewohnheit erst das Fremde leicht gemacht
hat. Treten denn nicht die meisten Menschen
gezwungen in ihre Bahn, und gewinnt der
arme Waisenknabe nicht mit der Zeit das
schwierigste Handwerk lieb, wenn er sieht,
daß es ihn ernährt, und daß er nun in kei=
nem andern so gut mehr fortkommen würde?

Zum Schlusse noch ein Paar Worte über
die Frage, ob man auch seinen Feinden Gu=
tes thun solle. Auf jeden Fall ist es eine
höchst unnatürliche Forderung, so unnatürlich,
daß der, welcher sie wirklich erfüllte, sich
dem Verdachte aussetzen würde, es aus
Furcht oder aus Affectation gethan zu ha=
ben. Um besonders diesem letztern auszuwei=

chen, würde ich sagen: „Ueberlaß das An-
„dern, die ihm näher sind, und übe du
„deinen Wohlthätigkeitshang an solchen, bey
„denen du es ohne diese Besorgniß thun
„kannst." Freilich, wenn der Fall so dringend wäre, wie bey dem Hirten in der Fabel, der am Rande eines Abgrunds einge-
schlafen war, da wäre es ein Anders. Aber
dergleichen Fälle möchten wenig vorkommen.
Das versteht sich übrigens von selbst, daß,
wenn seinen Feind lieben so viel heißt, als
ihm trotz seiner Angriffe auf uns die
strengste Gerechtigkeit erweisen, und alle
Rachsucht unterdrücken, die Feindesliebe eines
der ersten Gebote der Vernunft ist, und
nicht bloß dem guten, sondern schon dem
rechtschaffenen Manne obliegt. Sind doch
von Hause aus alle Menschen unsere Feinde,
wie oben oft genug gesagt ist; so daß die
Moral recht eigentlich den Zweck hat, uns
mit allen unsern Feinden auszugleichen, und
aller Fehde ein Ende zu machen. Diejen-

gen, die wir ausschließlich unsere Feinde
nennen, sind folglich nur dem Grade nach
von denen verschieden, mit welchen wir in
Ruhe leben. Käme mir der Fall, daß einer
von denen, die mich vorzüglich heftig verfolgt hätten, in einen sehr hülflosen Zustand
geriethe, und sein Elend jammerte mich so,
daß ich mich bewegt fühlte, ihm eine Unterstützung zu reichen, so würde ich dies wenigstens sehr heimlich thun, um sein Gefühl
durch die Beschämung nicht noch schmerzli-
cher zu verwunden.

5.

Beförderung fremder Sittlichkeit.

Es ist die Frage, ob ein Staatsminister
mehr für das allgemeine Beste thun könne,
als ein braver Vater, der dem Staate sechs
vollkommen rechtschaffene Männer erzogen hat,

von denen zu erwarten steht, daß jeder wiederum so viel Sprößlinge derselben Zucht hinterlassen werde. Und was kann nicht erst
ein Lehrer thun, von dessen Händen Hunderte
von biegsamen Kinderseelen ihre Bildung
erhalten, und dessen Beyspiel oft mit einer
begeisternden Kraft, weit mehr als die Lehren der Eltern wirkt. Welchen Einfluß der
Charakter eines allgeschätzten Vorstehers auf
ein ganzes Collegium, ja der eines hochachs-
tungswürdigen Königs auf die Sittlichkeit
eines ganzen Landes habe, ist bekannt.
Welche Aufforderung für den edlen Ehrgeiz,
auch von dieser Seite sein Licht leuchten zu
lassen! Es ist aber nicht genug, daß wir
durch unser eigenes Betragen selbst das Muster geben; wir können mehr thun, wir können durch freywilliges Eingreifen in die Handlungen Anderer, so weit uns dasselbe erlaubt
ist, mancher Unsittlichkeit vorbeugen, manche
in ihren Folgen unschädlicher machen. Steht
uns dabey die Furcht vor dem Hasse der Men-

schen im Wege, so unterstützt uns, auf der
andern Seite nicht selten der Beyfall der Uebri=
gen, die durch. die Anomalien eines schlechten
Menschen, insofern sie eine Störung der all=
gemeinen moralischen Harmonie verursachen;
gleich heftig: beleidigt .wurden.. Wo es also in
unsern Kräften steht, Böses von Andern zu
verhindern, eine verborgene Unsittlichkeit ans
Licht zu ziehen, oder die Bestrafung eines
Ordnungstörers zu bewirken, da. ist es unsere
Pflicht, es zu thun; denn je mehr Böses wir
aus der Welt wegschaffen, desto mehr beför=
dern wir die allgemeine Harmonie, und desto
verdienter machen wir uns um die Gesellschaft.
Wer etwas Böses weiß, und es aus Furcht
verschweigt, der sage nicht, daß er die allge=
meine Wohlfahrt liebe, und daß er ein guter
Mensch sey. In Fällen, wo die unmittel=
bare Entdeckung Gefahr bringen könnte, suche
man wenigstens mittelbar alles zu thun, was
sie auf irgend eine Weise befördern kann.

Am eifrigsten aber laßt uns diese Pflicht

da üben, wo wir mit voller Autorität schalten
können, als Oberhäupter gegen unsere Unter=
gebenen, als Lehrer gegen unsere Schüler,
als Meister gegen unsere Lehrlinge und Ge=
sellen, als Hauswirthe über unser Gesinde,
als Väter gegen unsere Kinder. Das ist der
wahre Herr, in dessen Nähe keiner, der von
ihm abhängt, etwas unrechtes zu thun, ja
nur zu sprechen wagt. Man sehe hier bey=
läufig die merkwürdige Natur des Gefühles,
welches wir Achtung nennen. Es ist schon oft
gesagt worden, daß dasselbe aus Lust und Un=
lust gemischt sey; aber woher dies komme,
hat nicht jeder untersucht. Offenbar daher,
weil wir von der einen Seite die strenge Sitt=
lichkeit des achtungswerthen Mannes lieben,
insofern wir ihr so sicher vertrauen dürfen,
und von der andern sie fürchten, insofern wir
bey einer etwanigen egoistischen Versuchung
weder Unterstützung noch Entschädigung von
ihm zu erwarten haben.

In keinem Verhältnisse liegt uns die Pflicht,

fremde Sittlichkeit zu befördern, so sehr ob,
als in dem der Lehrer oder der Eltern. Die
letztern besonders sind für die Moralität ihrer
Kinder so streng verantwortlich, daß, wenn
aus einem Knaben, der bis in sein vierzehntes
Jahr im väterlichen Hause erzogen worden ist,
ein schlechter Mensch wird, die Eltern desselben ohne alle Weigerung die Schuld tragen
müssen. Wer die Schwäche haben kann, einen bemerkten Fehler seines Kindes unbestraft
zu lassen, und ihm einen einzigen Befehl umsonst zu geben, der sollte seine Kinder lieber
einer öffentlichen Anstalt zur Erziehung überlassen; denn nichts ist gewisser, als daß sie
unter seinen Augen entweder ganz verwildern,
oder zu eben so charakterlosen Schwächlingen
heranwachsen werden, als er selbst ist. Ein
jesuitischer Gehorsam muß die erste Tugend
solcher Kinder seyn, die in der Folge kräftige
Männer werden sollen. Der kleinste Befehl,
ja ein Augenwink des Vaters muß prompt in
Erfüllung gehen, und, ist er einmal ausge-

sprochen, unwiderruflich seyn. Das kleinste
Zögern muß schon bestraft werden, und der
Gedanke, als ob es mit dem Befehle vielleicht
nicht viel auf sich habe, im Kopfe selbst des
zweyjährigen Kindes schon ganz unmöglich
seyn. Es ist aller Erfahrung zuwider, daß
die Strenge der Eltern Sclavenseelen erzeuge.
Waren Luther, waren Kalvin Sclavenseelen?
Beide erzählen uns selbst, wie hart sie in ih=
rer Jugend behandelt worden seyen, und beide
dankten es noch im Grabe ihren Vätern. Das=
selbe hört man auch jetzt noch oft von ähnlich
erzogenen Söhnen; wenn aber hat man je ei=
nen verwilderten, ohne Zaum und Gebiß auf=
gewachsenen Menschen seinen Eltern freudig
rühmend nachrufen hören: „Das danke ich
ihnen, die mich so strenge dazu angehalten
haben!“? Die Mütter wollen doch so gern
von ihren Kindern geliebt seyn. Nun wohlan,
sie werden es desto mehr seyn, je strenger sie
gegen dieselben sind, mit der gehörigen Con=
sequenz, versteht sich. Eine Liebkosung, ein

verdientes Lob von einer strengen Mutter
erregt in dem gehorsamen Kinde ein inniges
Entzücken, dagegen das gelinde behandelte
nach der Mutter nicht anders fragt, als wenn
es etwas von ihr haben will. Auch die stren=
geren Lehrer sind in der Regel die geliebteren.

Eine abgeschmacke Frage ist es, ob man
Kinder schlagen dürfe. Auf welchem andern
Wege will man denn vernunftlose Geschöpfe
zwingen, gewisse nothwendige Vorstellungen,
die ihnen geläufig werden sollen, festzuhalten,
als auf dem Wege der Furcht? Kein Weg
führt nicht nur so schnell und so unausbleib=
lich dahin, als dieser, sondern er ist sogar
bis zu einem gewissen Alter der einzig mög=
liche. Man sehe doch, welche Wunder dies
Verfahren bey den Thieren wirkt. Der klüg=
ste Hund würde in seinem Leben nicht die
Vorstellung festhalten, daß er bey der Reb=
hünerjagd erst gebückt und leise hinzuschlei=
chen, dann sich tief ins Gras niederducken,
und nachdem der Schuß über ihn hingeflo=

gen, rasch den verwundet herumflatternden
Vögeln nachstürzen müsse: wenn ihm nicht
diese Vorstellung unter beständiger Furcht vor
dem Stocke so tief eingeprägt worden wäre.
So wiegt auch bey dem vernunftlosen Kinde
ein einziger Hieb eine ganze Reihe von De=
monstrationen auf, und je empfindlicher er
war, desto länger wird der Vater in ähnli=
chen Fällen mit einer bloßen Miene, ausrei=
chen können, die sich auf jenen Hieb bezieht.
Ueberhaupt kann man sich vielen Aerger und
manche Gewaltthätigkeit ersparen, wenn man
sich in seinem ernsten Töne nur immer gleich
bleibt. Eltern, die heut die Affen ihrer Kin=
der sind, und morgen, wenn ihnen der Kopf
nicht recht steht, einmal den Orbil spielen
wollen, peinigen die Kinder ohne Noth, ma=
chen sie am Guten irre, und flößen ihnen
eine Tücke ein, deren häßliche Folgen sie ge=
wöhnlich selbst am meisten erfahren müssen.
Unsere Großväter hatten eine treffliche Maxi=
me, die leider ganz in Vergessenheit geräth,

nämlich die: ein Vater müsse seine Kinder
niemals merken lassen, wie zärtlich er sie
liebe. Das müssen sie den Müttern über=
lassen, die ohnehin dazu bestimmt zu seyn
scheinen, das Opfer und Spiel ihrer Kinder
zu werden. Will der Mann schmeicheln und
küssen, so mag er seine Frau dazu nehmen.

In keiner Periode der Erziehung muß
der Vater aufmerksamer auf die Gewöhnung
seines Kindes seyn, als in den sechs ersten Le=
bensjahren. Bis dahin muß die Furcht das
herrschende Motiv aller Handlungen des Kin=
des seyn. Kein Auftrag darf anders als in
dem Tone einer unwiderruflichen Nothwendig=
keit gegeben werden, ums Himmels Willen
nicht bittweise, als ob man etwas dem Be=
lieben des kleinen Geschöpfs anheim stelle, und
als wenn es nur aus Gefälligkeit für die Nei=
gung des Vaters geschehen solle. Kann man
erst mit ihm sprechen, so mag man wohl zu=
weilen mit wenig Worten hinzufügen, warum
es geschehen müsse, aber doch immer erst nach=

24 *

dem der Befehl schon aufs bloße Wort vollzogen ist. Ein Kind, das nach dem sechsten Jahre noch keine Fertigkeit in allen guten Gewohnheiten hat, die innerhalb seiner Sphäre liegen, ist schon sehr verwahrloset, und muß in eine ganz andere Zucht gebracht werden, wenn noch etwas aus ihm werden soll. Ist es aber in diesem Alter schon gehörig geübt und im Gehorsam völlig befestigt, so wird es nachher nie wieder der Ruthe bedürfen, wenn nur der ernste Ton des Vaters sich gleich bleibt.

Fremde Sittlichkeit zu befördern ist uns schon in einem frühen Alter möglich. Gute Knaben erinnern sich oft gegenseitig, wenn sie etwas Unrechtes an einander wahrnehmen; sie ermahnen, warnen, rathen, bitten, und gewöhnlich mit glücklichem Erfolg, denn von lieben Freunden nimmt man williger und uneingenommener etwas an, als von Vorgesetzten. Sehr wohl berechnet sind daher auch die vielen Ermahnungen der Apostel Jesu an ihre

Gemeinen, zur gegenseitigen Unterstützung im Guten, und auch wir wollen uns die Worte Pauli an die Galater gesagt seyn lassen: Lieben Brüder, so ein Mensch etwa von einem Fehl übereilet würde, so helfet ihm wieder zurecht mit sanftmüthigem Geist, die ihr geistlich seyd.